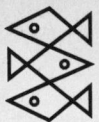

Charles Mungoshi wurde 1947 im heutigen Simbabwe geboren. Bereits 1966 veröffentlichte er Kurzgeschichten. Mittlerweile ist Mungoshi einer der berühmtesten Schriftsteller Afrikas. Er lebt mit seiner Frau und seinen fünf Kindern in Simbabwe.

Christian Kingue Epanya wuchs in Kamerun auf. Seine Illustrationen wurden bereits auf der Kinderbuchmesse in Bologna ausgestellt. 1993 erhielt er den Illustrationspreis der UNICEF. Seit 1990 lebt Christian Kingue Epanya in Lyon.

Charles Mungoshi

Der sprechende Kürbis
Geschichten aus Afrika

Mit Bildern von
Christian Kingue Epanya

Fischer Taschenbuch Verlag

Fischer Schatzinsel
Herausgegeben von Markus Niesen

Veröffentlicht im Fischer Taschenbuch Verlag GmbH,
Frankfurt am Main, Dezember 1999

Lizenzausgabe mit freundlicher Genehmigung
des Verlages Nagel & Kimche AG
© 1989 und 1991 by Charles Mungoshi und Baobab Books, Harare
Die Originalausgaben erschienen unter den Titeln
»Stories from a Shona Childhood« und »One Day, long ago«
© 1994 Verlag Nagel & Kimche AG
Zürich/Frauenfeld
Alle Rechte der deutschsprachigen
Ausgabe vorbehalten
Die deutschsprachige Ausgabe wird vom Kinderbuchfonds Baobab, der
»Erklärung von Bern« und »terre des hommes« herausgegeben.
Gesamtherstellung: Clausen & Bosse, Leck
Printed in Germany
ISBN 3-596-80172-9

Nach den Regeln der neuen Rechtschreibung

Inhalt

Der Hase und der Frosch   9

Der sprechende Kürbis   39

Der Geist in der Asche   55

Der Blinde und der Löwe   82

Der Wald
Frissoderduwirstgefressen   97

Der Regenmacher   132

Der faule Junge
und sein alter Hund Dembo   147

Die Frau vom Berg   167

Der Hase und der Frosch

Bei den Urwaldtieren herrschte vor langer Zeit einmal eine große Dürre. Der Löwe – er nannte sich König des Urwaldes, obwohl er kleiner und schwächer war als der Elefant – berief eine Versammlung ein.

Als alle da waren, erhob sich der Löwe, räkelte sich in seiner hochmütigen Art und sagte mit tiefer Stimme: »Freunde, wir sind in großer Gefahr. Wenn es nicht bald regnet, müssen wir sterben. Es wird alle treffen, Große und Kleine. Deshalb schlage ich vor, dass wir unsere Köpfe zusammenstecken und überlegen, wie wir zu Trinkwasser kommen. Ich weiß, dass nicht alle gut Freund miteinander sind, aber jetzt ist nicht die Zeit für Zank und Streit. Wir wollen gemeinsam überlegen, wie wir uns retten können. Seid ihr einverstanden?«

Die Tiere stimmten zu. Nur das Zebra witterte eine List und dachte, dass der Löwe die wehrlosen Tiere am Ende töten und fressen wollte. Doch es wagte natürlich nicht, seinen Verdacht laut zu sagen.

Nach langem Hin und Her einigten sich die Tiere darauf, in gemeinsamer Arbeit einen Brunnen zu graben. So hätten sie Trinkwasser für alle.

Zuerst suchten sie einen günstigen Ort für das Brunnenloch. Dann sprach der Löwe: »Elefant, du bist der größte von uns allen. Fang du als erster an zu graben! Später wechseln wir uns ab, jeder von uns kommt an die Reihe, bis wir auf Wasser stoßen.«

Also fing der Elefant an zu graben:

Bidi bidi
bidi bidi
mit Rüssel und Bein
tief hinein
tief und tiefer hinein
bidi bidi
bohrt der Rüssel
bidi bidi
bricht auch das Bein
bidi bidi
bidi bidi
tief und tiefer hinein!

Bald sah man nur noch den Rücken des Elefanten. Doch es kam und kam kein Wasser.

Dann war der Löwe an der Reihe.

Bidi bidi
brüllt der Löwe
bidi bidi
schlägt die Pranke
tief hinein
bidi bidi
schürft die Kralle
bidi bidi
gräbt die Pfote
tief und tiefer hinein!

Der Löwe kam ganz ins Schwitzen. Doch als er aus der Grube herauskam, war er über und über mit trockenem Staub bedeckt, anstatt mit Schlamm und nasser Erde. Das war ihm sehr peinlich.

So kam jedes Tier an die Reihe, alle gruben, aber keines stieß auf Wasser.

Da kam der Hase vorüber. Er hatte die Versammlung geschwänzt und sah nun die Tiere beim Graben. »Was um alles in der Welt macht ihr denn da?«, rief er lachend. »Kaum zu glauben! Der große Elefant! Und der mächtige Löwe! Geraten ins Schwitzen, nur weil sie ein kleines Loch graben wollen!«

Voll Zorn wollte sich der Löwe auf ihn stürzen, doch der Hase entwischte ihm. »Warte nur, bis ich dich kriege!«, brüllte der Löwe beleidigt.

Als alle Tiere reihum gegraben hatten, wollte sich der Elefant ein zweites Mal an die Arbeit machen. Da erklang ein feines Quaken, und ein dünnes Stimmchen rief: »Ich bin noch nicht an der Reihe gewesen!«

Alle schauten sich neugierig um. Zuerst sah niemand, woher die Stimme gekommen war. Dann entdeckten sie den Frosch, der am Brunnenrand hockte und ins Loch hinabstarrte.

»Ach du, Frosch?«, sagte der Löwe verächtlich. »Was bildest du dir ein? Brunnengraben ist kein Kinderspiel! Du willst doch nicht etwa Wasser finden, wo so große Tiere wie ich und der Elefant, der Büffel, das Nashorn und das Nilpferd, ganz zu schweigen von der Giraffe, nichts als Staub aufgewirbelt haben? Los, verschwinde, aber schnell!«

Zuerst fanden auch die anderen Tiere, der Frosch verschwende nur unnütz ihre Zeit. Doch dann überlegte der Elefant es sich anders. »Moment!«, sagte er. »Soll der Frosch doch ruhig eine Runde graben. Wir gehen so lange auf Futtersuche. Er wird gewiss keinen Schaden anrichten,

und wir können eine Pause und Futter vertragen, damit wir wieder zu Kräften kommen!«

»Ein guter Vorschlag!«, riefen die anderen Tiere. Sie verschwanden in alle Richtungen, und der Frosch hüpfte ins Brunnenloch, fing an zu graben und sang dazu:

Kokoko
rororo
koko rorororo
kleiner harter Felsen
meine Haut ist trocken
kleiner harter Felsen
weine eine Träne
für mich für mich für mich
kokoko rororo
kleiner harter Felsen
öffne öffne dich!

Und während er sang, versank er immer tiefer in der Erde.

Bei den Worten *kleiner harter Felsen, öffne öffne dich!* machte es plötzlich »gluck, gluck, gluck ...«

Dann rauschte es mächtig, und aus einem Felsspalt am Grund des Brunnenlochs sprudelte Wasser. Es stieg und stieg, und der Frosch ließ sich auf der Wasseroberfläche bis an den Brunnenrand tragen.

Als die anderen Tiere zurückkehrten, entdeckten sie den Frosch, der friedlich bauchoben auf dem Wasser schwamm, als halte er seinen Mittagsschlaf. Großes Jubelgeschrei brach aus. Die Tiere stampften mit Hufen und Pfoten, hoben den Frosch auf ihre Schultern und tanzten mit ihm um den Brunnen herum.

Nur der Löwe war sauer. Ihn ärgerte es, dass alle Tiere den Frosch lobten und beglückwünschten.

»Nun übertreibt nicht!«, sagte er. »Ich war drauf und dran, Wasser zu finden! Noch ein einziger Schlag mit meiner Pranke, und es wäre hervorgeschossen!«

»Von wegen!«, riefen die Tiere. »Nichts als Staub hast du aufgewirbelt dort unten, lieber Löwe!«

»Wer sagt, ich hätte nur Staub aufgewirbelt? Los, wer wagt hier zu behaupten, ich hätte Staub aufgewirbelt?«

Die Augen des Löwen waren rot vor Zorn. Die Tiere schwiegen betroffen. Der Elefant, der einen Streit kommen sah, rief beschwichtigend: »Der Löwe hat von uns allen am meisten gegraben! Das meint ihr doch auch, nicht wahr?«

»Ja«, brüllten die Tiere im Chor, »König Löwe hat am tiefsten gegraben! König Löwe hat am tiefsten gegraben!«

Dieser Lobgesang gefiel dem Löwen. Er leckte sich zufrieden das Maul und merkte nicht, dass einige Tiere hinter seinem Rücken lachten. Feierlich erhob er die Hand zum Zeichen, dass genug applaudiert worden war.

»Liebe Freunde«, sprach er, »es kommt nicht darauf an, wer die gute Idee hatte oder wer am tiefsten gegraben hat. Hauptsache, wir alle haben unser Bestes getan! Ein jeder hat seine kleinen oder großen Kräfte beigetragen. Ich hätte es niemals allein geschafft. Auch der Frosch nicht ... Dieser Brunnen ist das Ergebnis unserer guten Zusammenarbeit.«

»Richtig! So ist es!«, schrien die Tiere hocherfreut.

Doch der Löwe war mit seiner Rede noch nicht fertig. Er hob wieder die Hand und sagte: »Noch eines, Freunde. Als ich euch zur Versammlung rief, seid ihr alle gekommen. Euch allen war klar, wie ernst die Sache mit dem Trinkwasser war. Ihr alle wart zur Stelle, einzig dieser Faulpelz ...«

»Der Hase!«, schrien die Tiere.

»Genau!«, rief der Löwe. »Ihr alle kennt den Ärger mit dem Hasen. Er hält sich abseits, wohnt für sich allein und drückt sich vor gemeinsamer Arbeit, wie der Fall dieses Brunnens zeigt. Und dann hat er die Frechheit, sich über uns lustig zu machen. Er weiß alles besser und tut, als ob wir nur Dummköpfe wären. Ich hätte Lust, ihm den Hals umzudrehen!«

»Ganz recht!«, tönte es von allen Seiten.

»Was wollen wir mit dem Hasen anfangen, Freunde?«, erkundigte sich das Nashorn.

»Ihn umbringen natürlich!«, brüllte der Löwe.

»Moment!«, sagte der Elefant und erhob den Rüssel. »Ich möchte nicht das Blut eines der unseren auf dem Gewissen haben. Aber denkt einmal nach! Im ganzen Land gibt es kein Wasser mehr. Möglich, dass der Hase noch einen kleinen Wasservorrat zu Hause hat. Doch früher oder später wird er diesen Brunnen benutzen wollen.«

»Welchen Brunnen?«, schrie der Löwe.

»Still, Löwe, ich bin noch nicht fertig. Mein Vorschlag ist folgender: Wir verbieten dem Hasen, aus unserem Brunnen Wasser zu holen!«

»Dann verdurstet er und ist tot, ohne dass wir uns die Hände schmutzig machen an seinem Blut«, sagte die Giraffe.

»Ich hätte ihn lieber auf der Stelle getötet und mit Haut und Haaren gefressen«, wandte der Löwe ein.

Doch nach vielem Hin und Her stimmten die Tiere dem Vorschlag des Elefanten zu. Sie beschlossen, abwechslungsweise den Brunnen zu bewachen. Wenn die anderen auf Futtersuche gingen, würde immer eines von ihnen dableiben und den Hasen auf keinen Fall in die Nähe des Brunnens lassen. Als Erster sollte der Elefant die Wache übernehmen. Es war schließlich sein Vorschlag gewesen. Also gingen die Tiere in den Urwald auf Futtersuche, und nur der Elefant blieb beim Brunnen zurück.

Als die Tiere aufbrachen, stand die Sonne hoch am Himmel. Jetzt sank sie tiefer und tiefer. Doch noch immer war keines zurückgekehrt, um den Elefanten bei der Wache abzulösen. Ihm knurrte allmählich der Magen.

Da hörte er aus der Ferne rufen: »Ist jemand am Brunnen?«

»Wer ruft da?«, trompetete der Elefant.

»Ach, du bist es, Onkel Elefant! Ich bin's, der Hase!«

»Was willst du, Hase? Du bekommst kein Wasser aus diesem Brunnen! Scher dich fort!«

»Ach du meine Güte! Wer will denn von dieser schmutzigen Brühe trinken? Wenn du wissen willst, was gutes Wasser ist, Onkel, dann solltest du versuchen, was ich trinke!«

Der Hase kam näher. Er trug eine große Kalebasse bei sich, aus der er sich verpflegte. Als der Elefant ihn essen sah, lief ihm das Wasser im Mund zusammen.

Das merkte der Hase. »Ich dachte eben, ich komme mal vorbei«, rief er freundlich, »vielleicht ist hier jemand, der Hunger hat um diese Zeit! An euerem Brunnen bin ich überhaupt nicht interessiert!«

»Ich habe nichts gegen dein Essen«, sagte der Elefant streng, »aber denke nur nicht, dass ich dir dafür erlaube, Wasser aus dem Brunnen zu holen.«

»Bist du schwerhörig, Onkel? Eben habe ich gesagt, dass ich diese schmutzige Brühe nicht will! – Mit meinem Essen ist es allerdings so eine Sache. Es ist heilige Nahrung, musst du wissen. Wer davon isst, der sollte sich zur Sicherheit fesseln lassen, sonst wird er womöglich verrückt.«

»Einen solchen Unsinn habe ich noch nie gehört«, sagte der Elefant.

»Bei meinem Vater Magena, ich schwöre, dass es wahr ist!«, erwiderte der Hase. »Warum sollte ich dich anlügen, Onkel?«

»Los, Hase, her mit dem Essen!« Der Elefant wurde ungeduldig.

»Also gut, ich gebe dir ein ganz klein wenig zu kosten. Wenn du dann mehr willst, sag es mir, damit ich dich zur Sicherheit fesseln kann. Einverstanden?«

»Red nicht so viel«, sagte der Elefant. »Ich stehe schon die längste Zeit hier herum. Am Vormittag habe ich schwer gearbeitet und gegessen habe ich noch überhaupt nichts. Her mit dem Fraß!«

Der Hase tauchte den kleinen Finger in die Kalebasse und streckte ihn dem Elefanten hin. Kaum hatte dieser gekostet, schrie er: »Schnell, Hase! Binde mich!«

Da fesselte der Hase den Elefanten. Doch anstatt ihm wie versprochen die Kalebasse mit der süßen Speise zu geben, schüttete er sie aus. Der Inhalt war Honig gewesen.

»Halt, halt! Was fällt dir ein?«, schrie der Elefant, als er sah, wie der Hase den Honig wegwarf. Der aber schüttelte sich vor Lachen, ging zum Brunnen, wusch die Kalebasse aus und füllte sie bis zum Rand mit Wasser.

Dann tauchte er selbst in den Brunnen, um sich zu waschen. Dabei lachte er immer noch über den Elefanten. Der schrie zornig: »Warte nur! Dafür sollst du mir büßen! So wahr mein Vater Nzu hieß, dafür wirst du mir büßen!«

Als der Hase sein Bad beendet hatte, rief er: »Auf Wiedersehen, Onkel! Sag den anderen, sie sollen nächstes Mal keine Wache aufstellen, die nichts anderes im Kopf hat als Futter für die dicken Ohren!«

Und lachend verschwand er mit der Kalebasse voll Wasser im Urwald.

»Was ist hier passiert?«, fragten die Tiere erstaunt, als sie den Elefanten gefesselt vorfanden.

Der sagte nur zähneknirschend: »Der Hase war da!« Mehr brachte er nicht heraus, weil er sich viel zu sehr schämte.

»Das hast du nun davon!«, brüllte der Löwe. »Du bist nichts als ein gewaltiger Dummkopf. Du hast den Hasen immer in Schutz genommen! Du warst dagegen, als ich sagte, ich würde ihn am liebsten umbringen. Nun hört mal alle zu! Wer dem Hasen erlaubt, Wasser aus dem Brunnen zu schöpfen, wird von jetzt an mit dem Tod bestraft. Einverstanden? Beim Elefanten wollen wir diesmal noch ein Auge zudrücken, doch von nun an ...«

Der König des Urwaldes donnerte diese Worte so gewaltig in die Runde, dass allen Tieren das Fell zu Berge stand.

Als sich sein Zorn gelegt hatte, sagte er: »Morgen werde ich die Wache übernehmen.«

Keiner entgegnete ein Wort, und der Elefant schämte sich sehr, dass er sich vom Hasen so hatte hereinlegen lassen.

Am nächsten Tag also hielt der Löwe Wache. Die Sonne stieg höher und höher. Es wurde Mittag. Dann sank die Sonne schon wieder.

Der Löwe hatte noch nie einen ganzen Tag ohne Essen verbracht. Er konnte sich kaum mehr auf den Beinen halten. Ihm wurde schwindlig und schwarz vor den Augen. Innerlich verfluchte er die Tiere, die sich im Urwald Zeit ließen, statt ihm zu essen zu bringen.

Da hörte er eine Stimme rufen: »Wer wacht denn heute am Brunnen?«

Der Löwe erkannte den Hasen sofort. Voll Zorn wollte er brüllen, doch es kam nur ein schwaches Stöhnen heraus.

»Ach, du bist es, Onkel Löwe!«, sagte der Hase und trat näher.

»Bleib stehen, wo du bist!«, knurrte der Löwe tonlos. »Noch einen Schritt, und du bist totes Fleisch!«

Er erhob sich schwankend.

»Ich sage, ein Schritt ...«

Als er sah, wie sich der Hase Wasser aus seiner Kalebasse über die Pfote goss, schwieg er plötzlich.

»Du überlegst nichts, Onkel«, sagte der Hase, »das ist dein Fehler. Zorn macht blind. Als ich beim Graben des Brunnens nicht mitmachte, dachtest du wahrscheinlich, ich sei einfach zu faul. Hast du nie überlegt, warum ich nicht dabei war? Ist dir noch nie eingefallen, dass ich vielleicht mein eigenes Wasser habe? Jetzt machst du wieder denselben Fehler. Du glaubst, ich sei gekommen, um Wasser aus deinem Brunnen zu stehlen. Aber nennst du das hier Trinkwasser? Ich wundere mich, dass du, der stolze Löwe, von dieser Dreckbrühe trinkst!«

Und während der Hase so redete, wusch er sich

die Hände in der Kalebasse und schüttete dann das Wasser weg, nur um zu zeigen, dass er kein Brunnenwasser brauchte.

Dann begann er, aus einer zweiten Kalebasse Honig zu schlecken.

Als der Löwe sah, wie der Hase sich die Lippen leckte, war sein Zorn verflogen. In dieser Kalebasse musste etwas Köstliches sein!

»Hör mal, Hase«, erkundigte er sich, »warum kommst du überhaupt zum Brunnen, wo du doch eine eigene Quelle hast?«

»Ich dachte, hier sei vielleicht einer hungrig und hätte gerne von meinem Essen ...«

»Nun, wenn du dein eigenes Wasser hast, dann kannst du mir ja von deinem Essen zu versuchen geben! Aber glaub nur nicht, dass du es mit mir machen kannst wie mit dem Elefanten.«

»Überlege doch! Was hätte ich dem Elefanten schon antun können? So riesig wie er ist! Aber sag es nur, wenn du von mir nichts annehmen willst! Ich gehe sofort!«

»Nein, Hase, so habe ich es nicht gemeint! Ja, wenn ich es mir richtig überlege – was hättest du dem Elefanten schon antun können?«

Der Löwe hatte sich schnell zurechtgelegt, dass

nicht der Hase, sondern jemand anderes den Elefanten gefesselt haben musste.

»Eben!«, sagte der Hase. »Aber seien wir vorsichtig. Bevor du die Speise zu dir nimmst, will ich dir ganz wenig davon zu versuchen geben. Es ist eine heilige Speise, die man nur essen darf, wenn man gefesselt ist. Schmeckt sie dir, so sag mir einfach, ich solle dich binden. Schmeckt sie dir nicht, nun, dann mache ich mich auf den Weg!«

»Also vorwärts, gib mir zu versuchen!« Der Löwe konnte kaum warten vor Hunger.

»Hier!«, sagte der Hase und bot ihm auf einem langen Stecken etwas Honig an. Er war vorsichtig, denn er hatte wenig Lust, in die Pranken des Löwen zu geraten.

Kaum hatte dieser die Kostprobe geschleckt, wälzte er sich auf den Rücken und rief: »Schnell, Hase! Leg mich in Fesseln! Bitte, bitte, binde mich schnell!«

Und der Hase band dem Löwen die Tatzen zusammen. Dann schüttete er die Kalebasse mit dem Honig aus.

»Halt, halt! Was fällt dir ein?«, jammerte der Löwe. »Du hast doch versprochen, mir zu essen …«

Doch der Hase war schon am Brunnen, spülte seine Kalebassen aus, füllte sie mit Wasser und nahm dann im Brunnen ein Bad. Der Löwe traute seinen Augen nicht. Ihm wurde schwindlig, und vor Hunger und Zorn fiel er glatt in Ohnmacht.

Als der Hase fertig war, stellte er sich vor den Löwen und sagte: »Das ist genau dein Problem, lieber Onkel. Du reagierst kopflos im Zorn. Kopflosigkeit, Hochmut, Habgier – wer diese Eigenschaften besitzt, der ist einfach dumm!«

Und lachend verschwand er im Urwald.

»Das kann doch nicht unser König sein!«, riefen die Tiere, als sie zum Brunnen zurückkehrten und den gefesselten Löwen vorfanden. Und der Elefant fragte mitfühlend: »So so, der Hase hat dich also auch besucht?« Dann befreite er den Löwen und befahl: »Gebt ihm zu essen!«

Doch der Löwe brachte vor Scham keinen Bissen hinunter.

Am nächsten Tag war das Nashorn an der Reihe. Am Abend fanden sie es gefesselt vor. Auch dem Nilpferd, der Giraffe und dem Zebra erging es nicht besser. Sie alle fielen auf den Trick des Hasen herein.

»So geht es nicht weiter«, sagte der Elefant, nachdem es niemandem gelungen war, den Hasen vom Brunnen fern zu halten.

»Also nehmen wir ihn endlich gefangen und töten wir ihn!«, brummte der Löwe. »Das war schon immer meine Meinung, nur hat niemand auf mich gehört!«

»Die Sache hat einen Haken«, gab der Fuchs zu bedenken. »Es ist ihm gelungen, uns alle zu übertölpeln. Er hätte leicht einen von uns töten können, wenn er es gewollt hätte. Wenn er nun merkt, dass wir ihn umbringen wollen, findet er vielleicht

Mittel und Wege, uns zu erwischen, bevor wir ihn kriegen.«

»Ach Fuchs, sei nicht dumm! Was kann er schon machen gegen uns alle?«, sagte der Löwe schnell. Als er aber merkte, dass die anderen ihn schweigend anschauten, fiel ihm ein, wie es ihm selber ergangen war, und er ließ verlegen den Kopf hängen.

»Wenn er uns das Wasser vergiftet?«, überlegte jemand.

»Das tut er nicht! Er trinkt ja selber aus dem Brunnen.« Da quakte eine Stimme von irgendwoher: »Ich glaube, ich könnte ihn schon für euch fangen!«

Alle schauten sich um. Der Frosch war auf einen Felsen gehüpft, sodass man ihn gut sehen konnte.

»Oho!«, rief der Löwe und lachte schallend. »Du hast es gut im Sinn! Zuerst bist du es, der Wasser findet, und jetzt willst du derjenige sein, der den Hasen fängt! Ha! Ha!« Doch die Blicke der anderen Tiere ließen ihn schnell verstummen.

»Ich melde mich zu Wort, weil niemand an mich denkt!«, rief der Frosch ein wenig beleidigt.

»Vielleicht überschätzest du dich doch, guter Frosch«, sagte das Nilpferd.

»Ich kann's ja mal versuchen!«, beharrte der Frosch.

»Ja, der Frosch soll's versuchen«, riefen die anderen Tiere. Sie hatten das Vertrauen in die großen Tiere so ziemlich verloren.

Am folgenden Tag also übernahm der Frosch die Wache am Brunnen. Während die anderen Tiere im Urwald auf Futtersuche waren, hüpfte er ins Wasser und ließ sich tief unten auf dem Grund des Brunnens nieder.

Am Nachmittag kam der Hase vorbei und rief: »Wer hält heute Wache?«

Keine Antwort.

Er rief ein zweites, drittes und viertes Mal. Als niemand antwortete, begann der Hase zu tanzen und zu singen:

Meinen Namen kennen alle,
jeder geht mir in die Falle,
mir, dem Sohn von Magena,
dem mächtigen Zauberer N'anga.
Am Ende sitzen alle
gefesselt in der Falle!

Dann legte er seine Kalebassen nieder, sprang ins Wasser und begann sich zu waschen.

Während er sich wusch, fühlte er plötzlich, wie ihn etwas am Bein zog. Er musste untertauchen und schluckte ein wenig Wasser.

»Ich bin wohl an einer Baumwurzel hängen geblieben«, dachte er, als er wieder hochkam, und schwamm auf die andere Seite des Brunnens. Kurz darauf merkte er, wie ihn wieder jemand am Bein zog. Offenbar war außer ihm noch jemand im Brunnen.

»Heda«, rief der Hase, »Sie haben aus Versehen eine Baumwurzel erwischt!«

Doch wer immer seinen Fuß festhielt, ließ nicht los. Stattdessen wurde der Hase immer tiefer ins Wasser gezogen. Er schnappte nach Luft und schrie: »Das ist mein Fuß, du Narr! Kannst du nicht zwischen einem Fuß und einer Baumwurzel unterscheiden?«

Aber wer immer es war, der ließ nicht los. Der Frosch zog ihn kräftig nach unten. Wenn er merkte, dass der Hase genug Wasser geschluckt hatte und zu ertrinken drohte, ließ er den Fuß ein wenig gehen, und der Kopf des Hasen kam für kurze Zeit an die Oberfläche.

Später, als die anderen Tiere zurückkehrten,

sahen sie den Hasen im Brunnen bei einem seltsamen Spiel. Er tauchte ins Wasser, kam Luft schnappend hoch und tauchte sogleich wieder unter.

»Der Frosch hat es geschafft!«, jubelten die Tiere, als sie den Hasen herauszogen. Dem war alles egal. Er war ziemlich benommen.

»Tötet ihn auf der Stelle!«, riefen einige Tiere.

»Nein, erst muss er sich erholen!«, sagte der Löwe. »Erst wenn er wieder richtig lebendig ist, soll er sterben!«

»Wir machen ihm einen fairen Prozess!«, sagte der Elefant.

»Wozu einen fairen Prozess?«, rief der Fuchs. »Hat etwa der Hase jemandem von uns einen fairen Prozess gemacht?«

»Er hat uns immer zuerst gefragt, ob wir gefesselt werden wollen«, sagte der Elefant, und die anderen Tiere schämten sich ein wenig.

»Jedenfalls haben wir ihn endlich!«, sagte die Giraffe. »Er entwischt uns so leicht nicht, wenn wir alle hier sind.«

»Richtig! Wie sollte er uns entwischen!«, echoten die anderen.

»Also für die Hinrichtung ...«, knurrte der Löwe und alle wussten, dass er dieses grausige Amt nur zu gern übernehmen wollte.

Wenig später erwachte der Hase aus seiner Ohnmacht. Er öffnete ein Auge und sah, dass er umstellt war. Da schloss er das Auge wieder und begann zu überlegen. Nach einer Weile fing er an zu singen. Die anderen Tiere erschraken, denn seine Stimme klang fremd. Es war nicht die Stimme des Hasen, den sie kannten. Die Stimme sang:

Wenn sie dich töten, mein Sohn –
und töten müssen sie dich,
denn du hast Unrecht getan!
Wenn sie dich töten, mein Sohn,
dann fort in die Asche mit dir!
Auf dem Aschenhaufen muss es geschehen,
denn von dort kehrt dein böser Geist
nie mehr zurück,
tut keinem ein Leid mehr,
kann keinen mehr fesseln!
Drum fort auf die Asche mit dir!
Mein Sohn du hast Unrecht getan …

»Was sagt er?«, fragte das Nashorn. »Das ist nicht seine Stimme!«

»Weckt ihn auf! Das sind nur faule Tricks!«, warnte der Fuchs.

Sie versuchten, den Hasen zu wecken, doch er stellte sich tot.

»Es klingt wie die Stimme seiner Ahnen! Habt ihr nicht gehört: ›Töten müssen sie dich, denn du hast Unrecht getan‹? Das heißt, dass selbst seine Ahnen mit seinem bösen Treiben nicht einverstanden sind!«

»Genau so ist es.«

»Die Stimme sagt, dass man ihn auf einem Aschenhaufen töten soll, damit sein Geist nicht zurückkehrt und ›keinem ein Leid mehr‹ tut. Wer ist ›keinem‹?«

»Das sind die, die ihn umbringen werden. Ich glaube, der Ahnengeist meint, wir haben ganz Recht, wenn wir ihn töten. Wenn wir ihn aber an einem x-beliebigen Ort töten, verfolgt uns der Geist des Hasen und tut uns allen ein Leid an.«

»Ich traue diesem Geist überhaupt nicht«, sagte der Fuchs. »Wer hat schon von einem Geist gehört, der einem Nachfahren den Tod wünscht?«

»Ach, halt das Maul, Fuchs. Die Geister sind allwissend. Sie wissen, dass er Unrecht getan hat, und sie möchten die Lebenden vor ihm schützen.«

So stritten die Tiere hin und her und konnten sich nicht einig werden.

Während sie sich ausmalten, welche Macht die Geister hatten, ertönte die Stimme wieder:

Unrecht, Unrecht, Unrecht!
Mein Sohn, du hast Unrecht getan!
Keiner soll sich besudeln
mit deinem finsteren Blut!
Nein, fort in die Asche mit dir,
damit dich die Asche ersticke!
Dein Geist sei gefesselt auf immer,
kehre nie aus der Asche zurück,
füge keinem mehr Böses zu!
Unrecht, Unrecht, Unrecht,
mein Sohn, du hast Unrecht getan!

Die Tiere schauten einander betroffen an. Nun war allen klar, was zu tun war.

Kurze Zeit später erwachte der Hase. Er sprang auf, als wolle er weglaufen.
»Halt! Haltet ihn! Er läuft uns davon!«
»Er läuft nirgendwo hin, sonst will ich nicht mehr Löwe heißen!«, rief der Löwe.
»Schluss mit den bösen Tricks!«, bellte der Fuchs.

»Jetzt entwischt er uns nicht mehr! Seine Ahnen haben ihn selbst zum Tode verurteilt!«, riefen die anderen Tiere.

»Bitte, lasst mich gehen!«, flehte der Hase mit verzagter Stimme. »Ich verspreche euch, dass ich es nie wieder tun werde!«

»Hase, jetzt ist es zu spät! Das hast du dir selber eingebrockt!«

»Am liebsten würde ich dir auf der Stelle den Hals umdrehen!«, knurrte der Löwe und packte ihn am Genick. »Aber deine Ahnen befehlen, dich auf den Aschenhaufen zu werfen. Das will ich eigenhändig tun!«

»Bitte nicht, Onkel Löwe!«, jammerte der Hase. »Ich will es nie wieder tun! Bitte, bitte, Onkel Elefant, steh mir bei! Verbiete ihnen, mich zu töten! Der Aschenhaufen ist für einen Hasen der allerschlimmste Tod! Bitte, Onkel Hippo! Sie sollen mich auf alle Arten umbringen, bloß nicht auf dem Aschenhaufen! Oder bringt mich wenigstens um, bevor ihr mich in die Asche werft! Nur nicht lebendig in die Asche! Ich will nicht, dass der Aschenhaufen mich tötet!«

Der Hase sah zum Erbarmen aus. Er zitterte am ganzen Körper, und sein Fell war nass von Tränen. Als der Löwe ihn losließ, sackte er zusammen, als habe ihm jemand einen vernichtenden Schlag versetzt. Seine Zähne klapperten vor Angst.

Die Tiere nickten einander bedeutungsvoll zu. Jetzt war klar, dass der Tod auf dem Aschenhaufen die schlimmste von allen Todesarten für den Hasen war.

»Worauf warten wir noch?«, brummte der Löwe. Ohne ein weiteres Wort packte er den Hasen und trug ihn zu einem Aschenhaufen in der Nähe des Brunnens. Die Tiere hatten beim Brunnengraben ein Feuer gemacht, und die Asche lag noch da. Alle Tiere folgten dem Löwen. Einige von ihnen konnten das Wehgeschrei des Hasen kaum ertragen. Sogar der Frosch fand, man würde ihn besser laufen lassen. Aber er wagte nicht, es laut zu sagen.

So versammelten sich alle im Kreis um den Aschenhaufen. Der Löwe stellte sich mit dem Hasen in die Mitte und sagte: »Hase, für alles Unrecht, das du getan hast, bestrafen dich deine Ahnen mit dem ...«

»... Tod!«, brüllten die Tiere im Chor, und der Löwe schleuderte den Hasen in die Asche.

Es gab einen dumpfen Aufprall, als das Bündel im Aschenhaufen landete. Eine riesige Aschenwolke hüllte einen Moment lang alles ein.

Als die Wolke sich verzog, schauten die Tiere auf die Stelle, wo der Hase den Tod gefunden hatte. Doch vom Hasen war keine Spur zu sehen.

Der Löwe blickte nachdenklich auf seine Pfoten und sah, dass er immer noch ein Stück Hasenschwanz festhielt.

Der Hase selbst war auf und davon.

Wortlos schauten die Tiere einander an. Und so ist es geblieben: Sie sprachen nie mehr ein Wort miteinander. Bis zum heutigen Tag.

Der sprechende Kürbis

Tsuro, der Hase, ist im ganzen Urwald gefürchtet. Alle Tiere wissen, wie schlau er ist.

Das war nicht immer so. Früher beachtete man ihn kaum. Klein und unscheinbar wie er war, lebte er in ständiger Angst vor den größeren Tieren. Er wusste, dass sie mit ihm anstellen konnten, was sie wollten. Deshalb hatte er seine Wohnung ganz in der Nähe von Nzu dem Elefanten gebaut. Wollte jemand ihm ein Leid antun, so fand er Schutz bei seinem mächtigen Nachbarn. Bei ihm war er sicher, denn niemand getraute sich, mit dem größten Tier des Urwaldes einen Streit anzufangen.

Tsuro war ein fleißiger Ackerbauer. Jeden Morgen ging er aufs Feld, säte in der Regenzeit Körner, pflanzte alle möglichen Stecklinge und konnte später reichlich Mais, Erdnüsse und Kürbisse ernten. Selbst in Dürrezeiten wurden seine Scheunen immer voll.

Nzu dagegen war faul. Er stand spät auf und ließ sich Zeit, bevor er aufs Feld ging. Statt zu hacken und zu pflügen, warf er die Saatkörner einfach ins Unkraut. Brannte die Sonne, so legte er sich unter einen Baum in den Schatten. Wenn dann später die Saat aufging und die Pflänzchen wuchsen, machte der Elefant sich lustig über den Hasen, der auf seinem Acker fleißig Unkraut jätete.

»Das Gras wächst ja auch, ohne gejätet zu werden«, meinte er. »Warum sollte das Korn nicht von selber wachsen?«

Tsuro versuchte ihm zu erklären, dass das Korn und die Feldfrüchte ebenso viel Pflege brauchen wie Kinder. Doch der Elefant lachte nur und sagte: »Du bist ein Narr!«

Zwar wurde auf seinem Feld die Ernte von Jahr zu Jahr geringer. Aber ihm war das egal, denn in jener Zeit fiel immer reichlich Regen. Wenn ihm die Vorräte ausgingen, ernährte er sich von den Früchten und Blättern des Waldes. Nicht selten bediente er sich auch heimlich auf dem Feld des Hasen.

Tsuro merkte es zwar, aber er traute sich nichts zu sagen. Er hatte Angst, von seinem Nachbarn zu Tode getrampelt zu werden. Im Übrigen fand er, Nzu dürfe schon ein wenig Futter von seinem Feld stibitzen, im Austausch gegen den Schutz, den er ihm bot.

Doch es kam ein Jahr, in dem kein Regen fiel. Nzu war es recht so, denn nun brauchte er sich nicht mit der Feldarbeit abzumühen und Körner zu säen.

»Zwecklos!«, meinte er, als er sah, wie Tsuro Kürbiskerne in den trockenen Boden steckte. »Kein Regen, keine Saat!«

Es war aber eine Sorte, die sich besonders für Trockenzeiten eignete. Und richtig: Wenig später keimten die Samen. Kleine Pflanzen erschienen. Sie wuchsen und wuchsen, und bald lagen Kürbisse auf Tsuros Acker, Kürbisse so groß wie Nzus Kopf.

Der Elefant hatte inzwischen seine Vorräte aufgebraucht. Die Bäume im Wald waren verdorrt und trugen weder Blätter noch Früchte. Nzu hatte Hunger. Wenn er an Tsuros Acker vorbeikam und die Kürbisse sah, lief ihm das Wasser im Maul zusammen.

Eines Tages ging er zum Hasen und bat ihn: »Gib mir einen Kürbis! Nur einen winzigen, den dort drüben am Ende des Feldes! Ich habe solchen Hunger!«

»Warte, bis er reif ist«, antwortete Tsuro.

Aber Nzu war überzeugt, dass der Hase ihm nur aus Geiz nichts gönnte. Deshalb kam er nach kurzer Zeit wieder und jammerte: »Ich sterbe vor

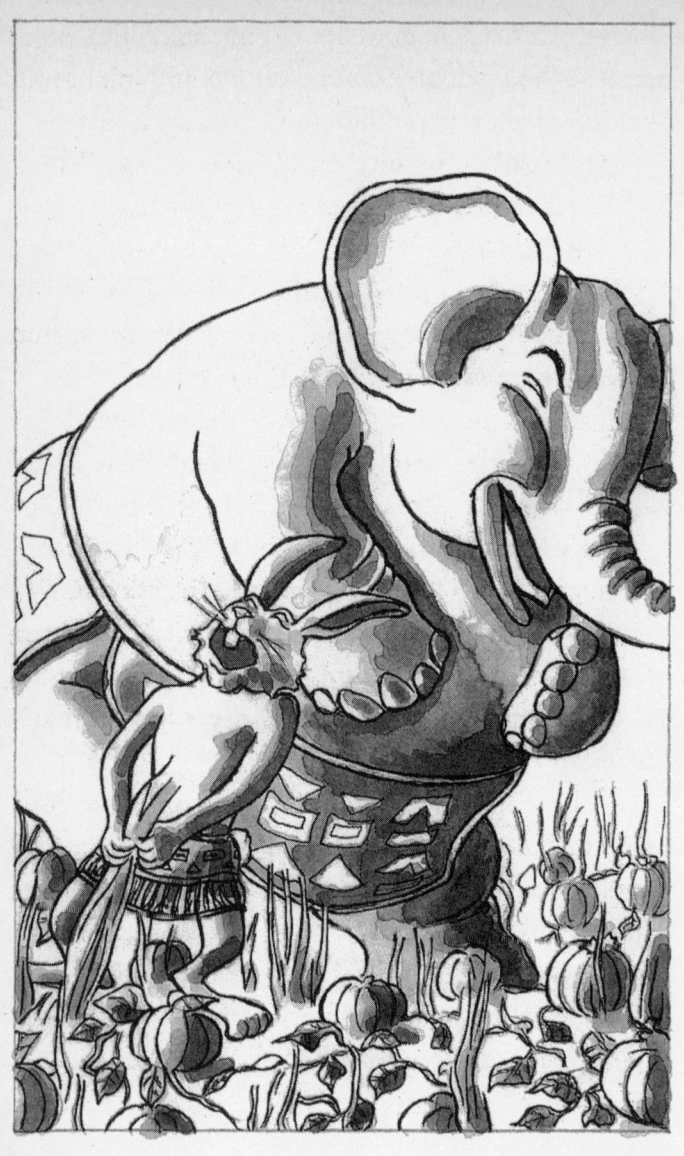

Hunger! Bitte, gib mir nur ein einziges Mal einen Kürbis! Nur den allerkleinsten! Die großen kannst du alle für dich behalten!«

»Hab noch ein bisschen Geduld«, sagte Tsuro, »es dauert nicht mehr lange! Du willst doch keine unreifen Kürbisse essen? Bald sind sie reif. Dann sollst du einen haben.« Allein der Elefant war schon ganz abgemagert. Er war sicher, er würde vor Hunger sterben, wenn er nicht sogleich etwas zu essen bekam.

Er überlegte lange. Da kam ihm eine Idee. »Ha, ha, ha, ha«, kicherte er, als er sich vorstellte, wie er Tsuro hereinlegen wollte. »Der Hase meint, er sei schlau, aber ich werde ihm schon zeigen, dass ich der Klügere bin! Und wenn es zum Streit kommt, ha ha ha ...«

Und er lachte laut beim Gedanken an den ungleichen Kampf mit dem Hasen.

Wenig später ging Tsuro aufs Feld und sah, dass sein größter Kürbis fehlte. Er suchte überall, doch der Kürbis blieb verschwunden. »Vielleicht habe ich mir den Kürbis nur eingebildet«, dachte er schließlich. »Ich will mir nicht weiter den Kopf zerbrechen. Auf meinem Feld wachsen noch Kürbisse genug!«

Doch am nächsten Tag fehlte auch der zweitgrößte Kürbis. Das machte ihn stutzig.

»Ein Kürbis, das ginge noch«, sagte er sich, »aber zwei? Einmal kann ich mich täuschen, aber zweimal? Nein, diesmal habe ich mich sicher nicht getäuscht!«

Im selben Augenblick kam Nzu vorbei. Er summte ein Lied vor sich hin und schlug die Trommel dazu. »Hallo, Tsuro!«, rief er.

»Guten Tag, Nzu«, grüßte der Hase.

»Was machen deine Kürbisse?«

»Sie wachsen und gedeihen!«

»Soso, was du nicht sagst!«, antwortete Nzu. »Es geht ihnen also gut? Sie wachsen und gedeihen? Was du nicht sagst!«

Er schüttelte sich vor Lachen und ging singend und trommelschlagend nach Hause.

Am nächsten Tag ging Tsuro wieder aufs Feld. Diesmal war der drittgrößte Kürbis verschwunden. Jetzt war der Hase nicht nur besorgt, sondern wütend. Und wie er so auf dem Acker stand, kam wieder der Elefant mit seiner Trommel.

»Hallo, Tsuro!«, rief er im Vorbeigehen.

»Guten Tag, Nzu!«

»Wie geht's deinen Kürbissen heute?«

»Ausgezeichnet! Besonders den drei größten!«

»Was du nicht sagst! Groß sind sie also geworden? So so!«, lachte Nzu, trommelte heftig und ging singend weiter.

Nachdenklich ging Tsuro nach Hause. »Merkwürdig«, dachte er, »Nzu hat mich in letzter Zeit nicht mehr um einen Kürbis gebeten. Er sieht wohlgenährt aus und ist guter Dinge. Im Wald gibt es weder Blätter noch Früchte. Meine Kürbisse verschwinden einer nach dem anderen. Wie paßt das alles zusammen?«

Er hielt inne und überlegte weiter: »Nzu ist mein Freund. Das heißt, ein richtiger Freund ist er eigentlich nicht. Ich brauche ihn, weil seine Nähe mich schützt vor den anderen Tieren. Ich selbst kann mich nicht wehren gegen Feinde, die größer sind als ich. Deshalb sind wir Nachbarn geworden. Aber jetzt stiehlt er meine Kürbisse. Er will, dass ich hungers sterbe. Allerdings … ich kann nicht gut zu ihm gehen und sagen: ›Nzu, du bist ein Dieb!‹ Er würde mich sogleich in Stücke reißen. Was soll ich also tun? Wer schützt mich vor dem großen Elefanten?«

Bis tief in die Nacht hinein wälzte Tsuro seine Sorgen.

Kurz nach Mitternacht fiel ihm die Lösung ein. Er nahm die Hacke und ging aufs Feld. Dort schnitt er in den größten Kürbis, der ihm übrig geblieben war, ein Loch. Er höhlte ihn aus, versteckte dann die Hacke hinter einem Busch, kam zurück und hüpfte in den hohlen Kürbis hinein. Mit dem Deckel, den er zum Aushöhlen vom Kürbis geschnitten hatte, schloss er sorgfältig von innen das Loch. Und dann wartete er.

Er brauchte nicht lange zu warten. Noch bevor es hell wurde, hörte er jemanden singen:

Tsuros Kürbisse
Tsuros Kürbisse
will ich alle fressen
will ich alle fressen
ihm bleiben nur die Schalen
ihm bleiben nur die Schalen ...

Tsuro fühlte, wie sein Kürbis umgedreht und hochgehoben wurde. Danach gab es einen mächtigen Klatsch und einen heftigen Aufprall, so als fiele der schwere Kürbis in einen Teich. In Wirklichkeit war der Kürbis, mitsamt Tsuro, dem Hasen, im Elefantenbauch gelandet.

Singend machte Nzu sich auf den Heimweg.

Tsuro aber hockte im Kürbis, und der Kürbis lag im Bauch von Nzu.

Zu Hause ging der Elefant ins Schlafzimmer und legte sich zur Ruhe. Als er gerade von Riesenurwäldern voll Kürbispflanzen zu träumen anfing, wachte er plötzlich auf. Ihm war, als höre er jemanden singen. Richtig, nun hörte er es ganz deutlich:

*Aus Tsuros Kürbissen
aus Tsuros Kürbissen
Pambangu
Pambangu
wachsen Dornen
wachsen Hörner
Tindingu
Tindingu*

Der Elefant war sofort hellwach. »Träume ich?«, fragte er sich. »Nein, das ist kein Traum!«

Die Stimme war im Schlafzimmer, das hörte er deutlich. Doch als er sich umschaute, sah er niemanden. Da ging er vors Haus, suchte vorn und hinten, suchte links und rechts, aber ohne Erfolg. Er wühlte im Unkraut und im hohen Gras rund um sein Haus. Doch auch da zeigte sich niemand.

Wieder horchte er. Er wollte nicht glauben, was ihm allmählich zu dämmern begann. Doch wieder klang die Stimme, als käme sie direkt aus dem Boden unter ihm.

*Aus Tsuros Kürbissen
aus Tsuros Kürbissen
Pambangu
Pambangu*

wachsen Dornen
wachsen Hörner
Tindingu
Tindingu

Dem Elefanten wurde immer unheimlicher. Er zitterte vor Angst. »Wer da?«, rief er laut. Keine Antwort.

»Gib Antwort! Wer bist du?«
Wieder keine Antwort.

Nzu schwitzte vor Angst. Nur fort von hier, dachte er. Wenn die Stimme sich irgendwo in der Nähe des Hauses versteckt hält, dann wird sie es nicht wagen, ihm zu folgen.

Er verließ das Haus und ging immer tiefer in den Urwald hinein. Am liebsten wäre er gerannt. Doch der Kürbis lag ihm schwer im Magen.

Schließlich blieb er stehen und horchte wieder. Und wieder erklang die Stimme ganz nah unter ihm, als käme sie direkt aus dem Boden.

Kürbisse mit Dornen
Pambangu ...
Kürbisse mit Hörnern
Tindingu ...

»Zeig dich, du Feigling, wer immer du bist!«, trompetete der Elefant. Das heißt, er versuchte zu trompeten, doch in Wirklichkeit kam nur ein Flüsterton heraus. »Komm hervor, damit ich dir das Genick brechen kann!«

Und die Stimme antwortete:

Kürbisse mit Dornen
Tindingu
Kürbisse mit Hörnern
Pambangu ...

Da ergriff Nzu die Flucht und rannte, rannte, wie er noch nie in seinem Leben gerannt war. Er stolperte über Felsblöcke, trampelte riesige Bäume nieder, als wäre es dünnes Gestrüpp. Mit Gewalt brach er sich einen Weg durch den Urwald, rutschte in tiefe Schluchten, galoppierte steile Böschungen hinauf. Doch die Stimme in seinem Inneren wollte nicht verstummen.

Nun ließ er sich auf die Knie fallen, flehte und rief: »Ich will es nie wieder tun! Ehrenwort! Hörst du? Nie wieder!«

Doch die Stimme sang unentwegt ihre Strophen, immer schneller, immer schneller. Nzu rannte weiter. Er wusste nicht mehr, wo er war.

Die Urwaldtiere nahmen Reißaus und versteckten sich, als sie ihn kommen sahen. Sie fürchteten sich ohnehin vor dem mächtigen Elefanten. Doch als sie ihn jetzt so verzweifelt trompeten hörten, merkten sie, dass er auf der Flucht vor etwas noch viel Gewaltigerem war. Was für ein schreckliches Tier mochte hinter ihm her sein? Sie schüttelten sich entsetzt das Fell. Auf keinen Fall wollten sie dem Wesen begegnen, vor dem der große Nzu in höchster Angst davonlief.

Der Elefant war am Ende seiner Kräfte. Seine Stimme wurde schwächer und schwächer. Schließlich stöhnte er nur noch leise und blieb stehen.

Dann schwankte er, brach zusammen und blieb tot am Boden liegen.

Tsuro spürte, dass es still geworden war. Er stieg aus dem Kürbis und kroch durch das riesige Elefantenmaul ins Freie. Als er sah, dass Nzu tot war, wurde er traurig. Doch dann dachte er: »Eigentlich geschieht es ihm recht. Er hätte mich fragen sollen. Am Ende hätte ich ihm sicher ein paar von meinen Kürbissen gegeben!«

Er ließ sich neben dem toten Nzu nieder, und erschöpft wie er war, schlief er bald ein.

Als er aufwachte, hörte er die wilden Tiere brüllen und fürchtete sich sehr. »Wie komme ich allein durch den Urwald nach Hause?«, dachte er. »Ich hätte Nzu nicht sterben lassen sollen! Wer wird mich jetzt beschützen?«

Der Hase kannte niemanden, den er um Hilfe bitten konnte. Nur Nzu war sein Beschützer gewesen.

Drei Tage lang saß Tsuro neben dem toten Elefanten und überlegte, wie er den gefährlichen Heimweg überstehen könnte. Dann fiel ihm etwas ein. Zwar tat es ihm Leid, Nzu so etwas antun zu müssen, aber er wollte schließlich überleben. Er zog Nzu die Haut ab und baute daraus eine Trommel. Als das Trommelfell getrocknet und gespannt war, sodass es einen gewaltigen Elefantenton gab, wenn man draufschlug, nahm der Hase die Trommel und machte sich auf den Heimweg. Unterwegs trommelte er ohne Unterbrechung und sang dazu:

Bum bum bu
dick ist die Haut von Nzu
Bum bum bu
dick ist die Haut von Nzu
Bum bum bin
ich schlage sie weich und dünn

Bum bum bin
ich schlage sie weich und dünn ...

Als die Urwaldtiere das Lied hörten und aus ihren Verstecken sahen, dass die Trommel des Hasen mit Nzus Haut bespannt war, dachten sie erschrocken: »Wenn der kleine Hase dem riesigen Nzu die Haut abziehen konnte, dann müssen wir das Schlimmste von ihm fürchten!« So gingen sie ihm aus dem Weg und ließen ihn ungeschoren nach Hause wandern. Und bis auf den heutigen Tag erzählen sich die Urwaldtiere Geschichten von Tsuro, dem schlauen und unerschrockenen Hasen.

Der Geist in der Asche

Vor langer, langer Zeit lebte ein Mann mit seiner Frau und seinen Kindern. Der Mann hieß Kuruta, die Frau hieß Madiro.

Es kam ein Jahr, in dem kein Tropfen Regen fiel. Wie immer legten die Leute Samenkörner in die Erde. Doch als die Saat aufging, wurden die Keimlinge sogleich von der Sonnenglut verbrannt und starben. Kein Pflänzchen überlebte. Bald gab es nichts mehr zu essen, denn im ganzen Land wuchs keine Nahrung mehr.

Jeden Morgen beim Erwachen schauten die Leute zum Himmel auf. Kein Wölkchen war zu sehen! Die Sonnenglut ergoss sich auf die Erde herab wie ein feuriger Strom. Frauen und Kinder saßen hungrig in ihren Hütten und schauten einander ratlos an. Die Männer gingen jeden Tag auf die Jagd in den Busch, doch immer häufiger kehrten sie ohne Beute heim. Die Urwaldtiere waren verhungert oder weggezogen, um anderswo Nahrung und Wasser zu suchen. Viele Menschen starben an Hunger und Durst.

Eines Tages sagte Kuruta zu seiner Frau: »Madiro, ich will auf die Jagd gehen.«

»Meinst du, dass du Glück hast?«

»Ich will es versuchen! Besser, als hier herumzusitzen und mit ansehen zu müssen, wie unsere Kinder sterben.«

»Dann also viel Glück, lieber Mann«, sagte Madiro.

So brach Kuruta auf und wanderte über das ausgetrocknete Land. Alles Gras war verdorrt. Die Bäume hatten ihre Blätter verloren. Bäche und Flüsse führten kein Wasser mehr. Erbarmungslos brannte die Sonne auf Kuruta nieder. Er konnte kaum gehen auf dem heißen Sand. Doch er gab nicht auf. Zwar wusste er nicht, was ihn erwartete, doch hoffte er, irgendetwas Essbares zu erlegen.

»Und wenn es eine Schlange ist …«, dachte er.

Er war durstig, hungrig und müde. Trotzdem ging er weiter und weiter. Obwohl ihm von der Hitze ganz schwindlig wurde, wollte er sich nicht setzen und ausruhen.

Schließlich, gegen Mittag, konnte er nicht mehr. Er legte sich in den Schatten eines großen *muonde*-Baumes und schlief sogleich ein.

Wenig später weckte ihn ein Geräusch. Zuerst wusste er nicht, woher es kam und was es war.

Bzzzzzzz! Bzzzzzzzzz! Bzzzzzzzzzzz!

War es der Wind? Kuruta sah sich um. Nichts zu sehen. Bzzzzzzzzzz!

Er hob den Kopf und spähte in den Baum hinauf. Da entdeckte er, woher das Geräusch kam: Bienen! Der Baum hatte ein Loch, da flogen viele Bienen aus und ein. Kuruta wusste, was das bedeutete: Honig! Er hatte Honig gefunden!

Sein Herz tat einen Freudensprung. Er stand auf, machte ein paar Tanzschritte und schaute hinauf. Der Eingang zum Bienenstock war schwarz von Wachs. Das hieß, dass der Honigvorrat groß war.

Kuruta nahm sein Beil und machte sich an die Arbeit. Mit dem Ausnehmen von Bienenstöcken kannte er sich aus. Er hatte keine Angst vor Bienenstichen und war auch beim Honigsammeln noch selten gestochen worden. Die Bienen schienen zu merken, dass er ihnen kein Leid antun wollte.

Wenig unterhalb des Fluglochs schlug er in den Baumstamm eine Öffnung. Dabei arbeitete er so behutsam, dass der Baum unter den Beilschlägen kaum zitterte. Bald war die Öffnung groß ge-

nug, dass er mit der Hand hineinreichen konnte. Er vergrößerte sie noch ein wenig, bis er die vollen Honigwaben sah. Sie lagen schön ordentlich übereinander und schimmerten golden. Welch wunderbarer Anblick!

Nun schnitt Kuruta ein großes Rindenstück vom Baum und legte es neben sich auf die Erde. Dann löste er eine Wabe nach der anderen aus dem Bienenstock und schichtete sie auf die Baumrinde. Es dauerte lange, bis die Rinde voll war. Von so vielen Honigwaben würde seine Familie eine ganze Woche lang leben können!

Am Schluss brach er für sich selbst ein Stück Wabe ab und steckte es in den Mund. Es schmeckte köstlich süß! Nachdem Kuruta sich satt gegessen hatte, verschloss er sorgsam die Öffnung, die er in den Baum geschlagen hatte. Er schnitt ein Stück Baumrinde zurecht, löste etwas Bindfaden von seinem Lendenschurz und band das Loch damit zu. Auch hatte er daran gedacht, den Bienen nicht alle Honigwaben wegzunehmen. So würden sie ihren Stock nicht verlassen.

Glücklich machte Kuruta sich mit dem vielen Honig auf den Heimweg. Wie würde seine Familie sich freuen! Doch als er schon fast zu Hause angekommen war, erwachte eine kleine Idee in seinem Kopf und machte sich breit. »Wenn meine Familie eine ganze Woche lang von diesem Honig leben kann«, überlegte er, »wie lange könnte ich alleine davon leben?«

Ein winziger Gedanke, überhaupt nicht ernst zu nehmen. Doch dann wuchs und wuchs er, wurde größer und größer. Schließlich war er so groß und schwer, dass Kuruta sich niedersetzen musste. Der Gedanke wog nun schwerer als der viele Honig, den er auf den Schultern trug. Er füllte seinen ganzen Kopf. Und als er immer weiterwuchs, sah Kuruta seine Familie plötzlich in einem anderen Licht.

»Wenn dieser Honig sechs Menschen eine ganze Woche lang ernähren kann«, fragte er sich wieder, »wie lange erst würde er für mich reichen?«

Während er so dasaß, entwickelte sich der Gedanke immer weiter. »Schließlich habe ich ja den Honig gefunden. Niemand weiß davon. Niemand wird es je erfahren, solange ich nicht selber erzähle, dass ich Honig gefunden habe. Am besten behalte ich ihn für mich! Wenn er aufgegessen ist, kann ich ja nochmals hingehen und mehr davon holen…«

So wucherte der Gedanke in seinem Kopf, bis Kuruta seine eigene Frau und seine Kinder nicht mehr leiden mochte.

»Wozu sollte ich ihnen von meinem Honig abgeben?«, sagte er sich. »Während ich mich von den Bienen zerstechen lasse, sitzen sie bequem zu Hause und tun nichts. Was brauchen sie von meinem Honig zu essen?«

Schließlich stand er auf und setzte seinen Weg fort. Er hatte aber einen schlauen Plan ausgeheckt. Er wollte erst dann heimkehren, wenn es bereits ganz dunkel war.

Also wartete er, bis die Nacht kam. Dann schlich er leise in die Hütte, wo Madiro und die Kinder schon in tiefem Schlaf lagen. Er holte einen der großen Tontöpfe, in denen sie gewöhnlich Trinkwasser aufbewahrten, und trug ihn hinaus zur Aschengrube, dem Ort, wo seine Frau die Asche vom Herdfeuer hinwarf. Die Grube lag gleich hinter der Küche am Ende des Hofes.

Dort grub er ein tiefes Loch in die Asche, tief genug, um den Topf darin zu versenken. Dann legte er alle Honigwaben hinein und bedeckte den Topf mit einem Tuch. Durch das Tuch aber steckte er einen langen Strohhalm, und zwar so, dass das untere Ende tief in den Honig hinunter reichte, während das obere Ende nur wenig aus der Asche schaute. Wenn Kuruta nun an diesem Hälmchen saugte, floß ihm Honig in den Mund. Er lutschte, bis er satt war. Dann warf er Asche und Erde auf den Topf und ließ nur den Halm ein wenig herausschauen. Niemandem würde das Strohhälmchen auffallen. Froh und zufrieden mit seiner Tat ging er ins Haus zurück und legte sich schlafen.

»Ist dir irgendetwas Essbares begegnet?«, fragte Madiro, als sie ihn kommen hörte.

»Gar nichts, Frau!«

»Ach, und was sollen wir morgen den Kindern zu essen geben?«

Kuruta schwieg, als wolle er sagen, er wisse es auch nicht.

»Im großen Topf hat es noch etwas geröstetes und gesalzenes Maismehl. Nimm dir ein wenig!«, sagte Madiro. In guten Zeiten pflegten die Frauen jeden Tag etwas mehr Mais als nötig zusammen mit Salz zu mahlen und in großen Tontöpfen aufzubewahren als Vorrat für Dürrezeiten.

»Ich werde doch den Kindern das bisschen Nahrung nicht wegessen! Sie brauchen sie nötiger als ich«, sagte Kuruta, als ob ihm ihr Schicksal wirklich zu Herzen ginge.

»Aber du brauchst Kraft, wenn du morgen wieder auf die Jagd gehen willst!«, beharrte Madiro.

»Lieber sterbe ich, als dass meine Kinder verhungern müssen!«, sagte Kuruta mit so bekümmerter Stimme, dass seine Frau ihm glaubte.

»Wenn wir schon sterben müssen, dann lass uns alle zusammen sterben«, sagte sie, den Tränen nahe. Es war das erste Mal, dass ihr Mann um der Kinder willen auf das Essen verzichtete.

»Nein, nein, Madiro«, sagte Kuruta und schüttelte den Kopf. »Ich bin schließlich schuld, dass wir Kinder haben. Ich habe sie in die Welt gesetzt. Wie sollte ich da aufessen, was sie zum Leben brauchen?«

Darauf wusste Madiro nichts zu entgegnen. Sie legte sich wieder hin und schlief bald ein. Kuruta aber fand keinen Schlaf. Ein neuer Gedanke schoss ihm durch den Kopf.

»Was ist«, dachte er, »wenn jemand den Topf in der Aschengrube findet? Die Kinder spielen oft dort. Wenn nun eines von ihnen die Asche beiseite kratzt ... Oder wenn sie den Topf zerbrechen, ohne zu wissen, was drin ist ... Vielleicht wäre es gescheiter, den Topf in den Busch zu tragen und ihn dort zu verstecken ... Allerdings, dort könnte ihn ein Fremder finden, der zufällig ...«

So wälzte sich Kuruta die ganze Nacht auf seinem Lager und suchte vergeblich nach einer Antwort auf die Frage, wie und wo ein sicheres Versteck für seinen Honigtopf zu finden sei.

Endlich, kurz vor Sonnenaufgang, kam ihm ein rettender Einfall. Vergnügt lachte er sich ins Fäustchen, denn er war sicher, dass dieser Plan funktionieren würde.

Er stellte sich eine Weile schlafend. Dann schreckte er aus dem vorgetäuschten Schlaf hoch.

»Was ist dir, lieber Mann?«, fragte Madiro erschrocken.

»Mir hat geträumt …«

»Etwas Gutes oder etwas Schlechtes?«

»Ich weiß nicht. Aber ich muss es versuchen. Ich muss es unbedingt versuchen!«

»Was musst du versuchen?« Madiro verstand nicht, wovon ihr Mann redete.

»Mein Ururgroßvater hat mich im Schlaf besucht!«

»Dein Ururgroßvater?«, rief Madiro ganz aufgeregt. Sie wusste, dass es ein gutes Zeichen war, wenn die Ahnen einen im Schlaf besuchen. »Hat er etwas gesagt? Irgendetwas vom Essen oder vom Regen?«

»Davon hat er überhaupt nicht gesprochen.«

»Was hat er denn gesagt?«

»Er sagte nur: ›Hütet euch, in der Aschengrube zu spielen!‹«

»›Hütet euch, in der Aschengrube zu spielen‹?«

»Ja. Er hat gesagt: ›Niemand soll in der Aschengrube spielen!‹«

»Seltsam! Wer spielt denn schon in der Aschengrube?«

»Wie soll ich das wissen? Vielleicht die Kinder! ›Niemand‹ hat er gesagt.«

»War das alles? Bist du sicher, dass er nichts anderes gesagt hat? Er wird doch nicht den weiten Weg bis zu uns gekommen sein, um dir nur das zu sagen! Bist du sicher, dass du nichts vergessen hast?«

»Meinst du, ich hätte mir nicht auch darüber den Kopf zerbrochen?«

»Wie kann ich das wissen? Ich meinte nur …«

»Die ganze Nacht habe ich darüber nachgedacht. Schließlich wissen wir ja gar nicht, wo er begraben liegt!«

»Etwa in der Aschengrube?«

»Wohl kaum! Aber man kann nie wissen …«

»Und wenn er doch in der Aschengrube liegt?«

»Dann sollten wir keine Asche mehr auf ihn werfen!«

»Und die Kinder nicht auf ihm spielen lassen...«

»Gut, dass du daran denkst! Und jetzt, wo wir wissen, wo er begraben liegt...«

»...können wir mit ihm sprechen!«

»Wenn wir etwas brauchen – Nahrung, Medizin, Regen –, können wir immer zur Aschengrube gehen...«

»...und ihn darum bitten!«

Dann schwiegen die beiden eine Weile.

»Mein Plan funktioniert!«, dachte Kuruta.

»Wenn das alles stimmt, werde ich erfahren, wie es mit uns steht«, dachte Madiro indessen. »Er wird uns sagen, ob wir alle verhungern müssen... besonders die Kinder!« Sie war ganz aufgeregt und konnte kaum warten. »Können wir nicht jetzt gleich zur Aschengrube gehen?«, drängte sie.

Kuruta lachte und sagte: »Nun erst mal langsam, Frau! Alles mit der Ruhe!«

»Warum warten? Warum Zeit verschwenden, wenn...«

»Wir verschwenden überhaupt keine Zeit. Wenn man diesen großen Geistern begegnen will, muss man sich sehr gut vorbereiten, verstehst du das?«

»Und wie sollen wir uns vorbereiten?«

»Wir müssen eine Mauer um die Aschengrube bauen.«

»Damit niemand auf ihr herumtrampelt!«

»Genau. Und dann müssen wir etwas Schnupftabak und Maismehl auf die Asche streuen. Wir müssen unser Kommen ankündigen, wie es sich gehört!«

Madiro überlegte einen Augenblick. Dann sagte sie: »Du hast Recht, Mann. So wollen wir es machen!«

An jenem Tag errichteten Kuruta und seine Familie um die Aschengrube einen Zaun. Ringsum steckten sie eine Reihe starker Äste in den Boden und durchflochten sie mit dornigen Zweigen.

Endlich war es so weit.

Kuruta holte Schnupftabak und Maismehl und kniete, umringt von seiner ganzen Familie, vor dem Strohhalm nieder. Dann nahm er eine Prise Schnupftabak und etwas Maismehl und streute beides um den Halm herum auf die Asche.

Schließlich begann er zu singen:

Vater von Mazwiwa!
Vater von Zimbawa!
Vater von Kuruta!
Wir hörten dich trommeln,
wir hörten dich grummeln,
wir kommen, wir kommen,
jetzt sind wir da!

Er verstreute nochmals eine Prise Mehl und Schnupftabak und fuhr fort:

Wir opfern
unser Letztes hier!
Zu wenig zum Leben,
sei's Fülle dir.
Haben wir mehr,
bringen wir's her!

Danach schloss Kuruta die Augen, nahm den Strohhalm zwischen die Lippen und begann zu saugen. Und während er saugte, summte er weiter sein geheimnisvolles Lied. Dazwischen löste er die Lippen vom Strohhalm und erhob die Augen zum Himmel, damit ihm der Honig, den er im Mund hielt, besser den Hals hinunterrutschte. Nach jedem Schluck aber seufzte er tief und sang weiter:

*Wir hören dich trommeln,
wir hören dich grummeln,
wir folgen dem Trommeln,
wir folgen dem Grummeln ...*

Nachdem Kuruta seinen Singsang viele Male wiederholt hatte, stand er wortlos auf und ging in die Hütte zurück, gefolgt von Frau und Kindern. Dort trank er ein wenig Wasser, setzte sich nieder und versank in Schweigen.

Als Madiro ihm gesalzenen Mais zum Abendessen brachte, sagte er nur: »Gib ihn den Kindern. Sie haben ihn nötiger als ich.«

So folgte ein Tag dem anderen. Frühmorgens vor Sonnenaufgang erhob sich Kuruta und ging auf die Jagd. Am Abend kehrte er zurück, sah müde und hungrig aus, weigerte sich aber, das Maismehl zu essen, das seine Frau ihm anbot. Danach begaben sich alle hinaus zur Aschengrube, knieten nieder, und Kuruta rief seinen Ahnengeist an:

*Wir hören dich trommeln,
wir hören dich grummeln,
wir folgen dem Trommeln,
wir folgen dem Grummeln ...*

Abend für Abend dasselbe, viele Tage lang. Schließlich fiel es Madiro auf, dass ihr Mann immer gestärkt und munter von der Aschengrube zurückkam. Nachts schlief er vorzüglich und schnarchte so laut, dass Frau und Kinder keinen Schlaf finden konnten.

Das gesalzene Maismehl im Topf war inzwischen fast aufgegessen. Die Kinder wurden täglich magerer und schwächer, und auch Madiro ging es nicht besser. Sie konnte sich kaum mehr auf den Füßen halten. Nur Kuruta ging jeden Tag auf die Jagd und sah dabei stark und gesund aus. Kehrte er am Abend hungrig und erschöpft zurück, so erholte er sich sogleich, wenn er an der Aschengrube die Ahnengeister beschwor.

Zuerst dachte Madiro, es sei tatsächlich der Geist, der ihn kräftigte und erfrischte. Die Ahnen verliehen ihm die Kraft, jeden Tag auf die Jagd zu gehen. Sie war überzeugt, dass er eines Tages auch Glück auf der Jagd haben würde.

Doch ein Tag folgte dem anderen, und Kuruta brachte nichts Essbares nach Hause. Der gesalzene Mais würde gerade noch zwei Tage für die Kinder reichen. Kuruta dagegen wurde immer dicker, obwohl er jedes Essen zurückwies.

Da dachte Madiro: »So kann es nicht weitergehen. Ich muss selbst mit den Ahnen sprechen. Sie können es doch nicht zulassen, dass ihr Fleisch und Blut stirbt. Egal, was mit mir geschieht … Sterbe ich, so werde ich meinen Kindern als Ahnengeist beistehen.«

Als Kuruta das nächste Mal auf die Jagd ging, rief Madiro die Kinder und ging mit ihnen zur Aschengrube.

»Aber Mutter, Vater hat sagt, niemand als er dürfe an der Aschengrube reden!«, wandte das älteste Kind ein.

»Ich weiß«, antwortete Madiro.

»Wir werden es nicht überleben, Mutter! Die Ahnen werden sehr böse auf uns sein!«

»Wir werden ohnehin sterben, wenn wir nicht bald etwas zu essen bekommen«, sagte Madiro.

Da blieb den Kindern nichts anderes übrig, als der Mutter zu gehorchen. Obwohl sie Angst hatten, mussten sie mit ihr gehen.

Draußen streute Madiro ein wenig Schnupftabak und Maismehl auf die Asche, rings um den Strohhalm, wie sie es bei ihrem Mann gesehen hatte. Dann kniete sie nieder und schloss die Augen.

Als sie wieder aufschaute, sah sie, wie die Kinder sie mit großen Augen betrachteten. Wie dünn sie geworden waren! Fast nur noch Haut und Knochen, die Lippen aufgesprungen und aschfarben, die Augen tief in die Höhlen gesunken ... Da begriff sie, dass es mit ihren Kindern zu Ende ging. Sie hatten kaum mehr die Kraft, sich auf den Knien zu halten. In ihrer Angst begann Madiro unter Tränen zu singen:

Vater von Mazwiwa!
Vater von Zimbawa!
Vater von Kuruta!
Und du, Mutter
meiner Mütter!
Du, Vater
meiner Väter!
Ich flehe euch an!
Seht hier unsere Kinder
euer Fleisch, euer Blut.
Was soll ich ihnen geben
damit sie überleben?

Dann nahm sie den Strohhalm zwischen die Lippen und begann zu saugen. Nichts. Sie summte das Lied und sog stärker.

Da! Ein Strahl kühler Süße ergoss sich in ihren Mund. Es schmeckte so köstlich, dass ihr die Ohren dröhnten. Es trieb ihr Tränen in die Augen. Sie konnte nicht aufhören zu lutschen. Sie saugte und saugte, tief, ohne Atem zu holen. Dann ließ sie den Strohhalm los und sang leise:

Wir hören es trommeln,
wir hören es grummeln,
wir folgen dem Trommeln,
wir folgen dem Grummeln,
wir kommen, wir kommen,
jetzt sind wir da ...

Lange Zeit blieb sie so, die Augen geschlossen, und dachte nach. Dann richtete sie sich auf, ging wortlos ins Haus, holte eine Hacke und begann, Asche und Erde um den Strohhalm herum wegzukratzen. Schließlich fand sie den Topf und grub ihn aus. Sie nahm das Tuch von der Öffnung und schaute vorsichtig hinein.

»Honig!«, rief sie, »Honig!«

Dann langte sie in den Topf, nahm eine Wabe heraus, gab jedem Kind ein Stück davon und schaute zu, wie sie aßen.

Als sie sah, dass alle genug hatten, kehrte sie ins

Haus zurück und kam wieder mit einem Gefäß, das ungefähr gleich groß war wie der Honigtopf. Dieses Gefäß versenkte sie in der Aschengrube, bedeckte es mit Asche und Erde und ließ nur den Strohhalm herausragen. Zuvor aber hatte sie das Gefäß mit einer Mischung aus Wasser und Asche gefüllt. Den Kindern schärfte sie ein, ihrem Vater nichts von alledem zu verraten. Dann trugen sie alle miteinander den Honigtopf ins Haus, und Madiro versteckte ihn zwischen ihren Kochtöpfen, von denen sie wusste, dass Kuruta sie niemals berührte.

Später gab Madiro den Kindern ein wenig Wasser zu trinken und schickte sie schlafen. Sie schliefen so gut wie seit langem nicht mehr.

Kurz nach Sonnenuntergang kehrte Kuruta nach Hause zurück. Er war müde und hungrig wie immer.

»Was bringst du heute für die Kinder, lieber Mann?«, erkundigte sich Madiro, die schon auf der Schlafmatte lag.

»Ich weiß nicht, warum die Geister mir noch immer zürnen«, seufzte Kuruta und schüttelte den Kopf. Wie üblich hatte er wieder nichts gejagt.

»Macht nichts«, sagte Madiro. »Iss ein wenig

Maismehl, damit du morgen für die Jagd gestärkt bist.«

»Nein, Frau, ich mag weder essen noch schlafen, solange du und die Kinder nicht genug haben«, sagte Kuruta. Dann stand er auf und befahl: »Weck die Kinder! Es ist Zeit, zu den Ahnen zu sprechen.«

Wortlos weckte Madiro die Kinder, und sie gingen alle miteinander zur Aschengrube. Kuruta kniete vor den Strohhalm nieder, streute Schnupftabak und Maismehl und begann seinen Singsang:

Vater von Mazwiwa
Vater von Zimbawa!
Vater von Kuruta!
Wir hören dich trommeln,
wir hören dich grummeln ...

Dann schloss er die Lippen um den Strohhalm. Dabei summte er weiter vor sich hin.

Plötzlich riss er den Kopf hoch. Nochmals nahm er den Strohhalm zwischen die Lippen und saugte verzweifelt. Das Summen brach ab. Kuruta schloss die Augen und verzog das Gesicht. Die Mischung aus Asche und Wasser blieb ihm im Hals stecken. Mit riesiger Anstrengung rang er nach Luft. Dabei warf er wilde Blicke auf seine Frau und die Kinder, die mit unschuldigen Mienen zuschauten.

»Was fehlt dir, lieber Mann?«, fragte Madiro in besorgtem Ton. »Haben dir die Geister geantwortet? Was sagten sie?«

»Wer hat mir das angetan?«, wollte Kuruta schreien. Doch er japste nur nach Luft. Dann spuckte er aus und begann schrecklich zu husten.

Er hustete und nieste, nieste und hustete und hielt sich die Brust, als wolle sie zerspringen.

Voll Teilnahme fragte Madiro: »Was hast du nur, lieber Mann? Sind die Geister dir böse? So sag doch deiner lieben Frau, was dir fehlt!«

»Wasser!«, keuchte Kuruta schließlich. »Schnell, holt mir Wasser!« Sein Gesicht war über und über mit Schmutz, Speichel und Tränen verschmiert.

Die Kinder rannten ins Haus, und das älteste Mädchen kam mit einer Kalebasse voll Wasser zurück. Kuruta trank gierig. Dann hustete und nieste er wieder und trank noch einmal.

Als er sich erholt hatte, sagte Madiro scheinheilig: »Du hast mich richtig erschreckt! Was kann die Geister so erzürnt haben gegen dich?«

Sie konnte sich zwar kaum das Lachen verbeißen.

»Sei still, Frau!«, fuhr Kuruta sie an. »Lass mich in Ruhe! Geh! Verschwinde!«

Madiro begriff, dass ihr Mann wütend war, und entfernte sich schnell. Kaum war sie außer Hörweite, fing sie an zu lachen. Sie lachte, bis ihr die Tränen übers Gesicht liefen. Drinnen im Haus lachten auch die Kinder. Schließlich lachten alle miteinander lange und ausgiebig, bis sie nicht mehr konnten. Schon lange, ja, seit Beginn der Dürrezeit, hatten sie nicht mehr so herzlich zusammen gelacht.

»Psst!« Madiro legte den Finger an die Lippen. Sie hörte Schritte. Die Kinder verstummten, legten sich zu Boden und taten, als könnten sie den Hunger nicht mehr ertragen.

Kuruta kam herein, setzte sich und ließ den Kopf hängen. Er getraute sich nicht, seiner Frau und seinen Kindern in die Augen zu sehen. Heimlich hoffte er, Madiro würde ihn ansprechen und sagen: »Iss doch etwas Mais!« Doch es machte nicht den Anschein, als wollte sie das Wort an ihn richten.

Schließlich räusperte er sich und murmelte: »Liebe Frau, hättest du nicht ein bisschen Mais für mich übrig? Nur ein paar Körnchen! Ich möchte nicht, dass die Kinder verhungern …«

Er wagte nicht, zu ihr aufzuschauen. Sein Blick blieb am kalten Herd hängen.

»Aber gern«, sagte Madiro mit vorgetäuschtem Eifer. »Im Topf ist noch ein kleiner Rest. Ich weiß zwar nicht, was ich den Kindern morgen zu essen geben soll, aber ich denke, du hast ein Recht darauf. Du hast lange genug gehungert!«

Innerlich lachte sie, während sie das Maismehl in einen Holzteller schöpfte und es Kuruta reichte. Als er den Teller entgegennahm, sagte sie: »Wer weiß, vielleicht erhören dich diesmal die Geister und schicken dir einen Hasen, einen Bock oder wenigstens eine Schlange über den Weg! Die Kinder sind so hungrig, dass sie mit allem zufrieden sind. Hyäne, Fuchs, Eidechse, egal was ... In einem Jahr wie diesem dürfen wir nicht an Köstlichkeiten denken wie Milch, Rindfleisch oder am Ende gar ... Honig!«

Beim Wort »Honig« ließ Kuruta den Teller fallen. Der ganze Mais lag in der kalten Asche der Feuerstelle.

»*Hezwo*«, rief Madiro aus, »sind die Geister so böse auf dich, dass sie dich nicht einmal mehr essen lassen?«

Kuruta warf seiner Frau einen wütenden Blick zu, doch sie schaute weg. Dann sah er, dass die Kinder am Boden zitterten. Schüttelte es sie vor Lachen, oder zitterten sie, weil sie weinten? Ohne ein weiteres Wort erhob er sich und stapfte hinaus.

Die Nacht verbrachte er im Busch. Er schämte sich gewaltig.

Am nächsten Morgen brachte er auf einem Rindenstück einige Honigwaben mit nach Hause. Als Madiro und die Kinder ihn kommen sahen, tanzten sie ihm entgegen und sangen:

> *Wir hören euch trommeln,*
> *wir hören euch grummeln,*
> *wir kommen, wir kommen,*
> *jetzt sind wir da!*

»Die Geister haben dich erhört, lieber Mann!«, rief Madiro.

Kuruta wusste nicht, was er antworten sollte. Er war nicht sicher, ob seine Frau sein Geheimnis entdeckt hatte oder nicht. Doch als sie den Honig mit keinem Wort mehr erwähnte, dachte er, die Geister hätten ihn bestraft, indem sie Asche in den Honigtopf taten. Und als Madiro darauf bestand, jeden Tag vor dem Essen das Lied für die Ahnengeister zu singen, glaubte Kuruta schließlich selber an sie – und die Kinder glaubten es mit der Zeit auch.

Deshalb beten die Nachfahren Kurutas noch heute zu den Geistern in der Aschengrube.

Der Blinde und der Löwe

In einer Baumhütte tief im Urwald lebten einmal ein alter Mann und ein kleiner Junge. Der Alte hieß Digidi. Er und der Junge waren in ihrem Dorf zurückgelassen worden, als die andern Bewohner vor einem gefährlichen Löwenrudel geflohen waren. Die Löwen hatten angefangen, Menschen zu überfallen und zu töten.

»Nehmt mich mit«, hatte der blinde Digidi gefleht, als seine Leute das Dorf verließen.

»Wenn wir dich mitschleppen, kriegen uns die Löwen!«, hatten sie geantwortet.

»Vielleicht seid ihr noch einmal froh um mich«, hatte Digidi ihnen nachgerufen, doch sie hörten nicht auf ihn. Wozu sollte ein blinder Alter ihnen nützlich sein, dachten sie und ließen ihn zurück.

Als alle fort waren, wanderte Digidi durchs Dorf. Er betrat die verlassenen Hütten und sammelte alles Essbare ein, das die Leute zurückgelassen hatten. Er steckte es in einen großen Sack, den er über der Schulter trug.

Als er wieder in eine Hütte trat, hörte er plötzlich eine Kinderstimme. Da weinte ja ein Kind!

»Was hast du, Kleiner?«, rief der alte Mann.

»Meine Eltern sind fort. Sie sagten, sie könnten mich nicht auch noch mitnehmen. Meine Brüder und Schwestern seien schon schwer genug zu tragen!«

»Weine nicht und komm mit mir«, sagte der Alte.

»Danke«, antwortete das Kind.

»Bedanke dich erst, wenn die Löwen fort sind!«

»Glaubst du, sie werden uns fressen?«

»Ich weiß nicht. Aber wir müssen das Dorf auf schnellstem Weg verlassen. Siehst du Berge in der Nähe?«

»Ich sehe nur im Osten einen großen Wald!«

»Dann zeig mir den Weg in den Wald«, sagte Digidi.

»Sind im Wald nicht die Löwen?«

»Die werden uns im Wald nicht suchen. Sie wissen, dass Menschen in Dörfern leben.«

Und so zogen der alte blinde Digidi und der kleine Junge miteinander in den Wald. Sie bauten in den obersten Ästen eines riesigen *musasa*-Baumes eine Hütte. Viele Jahre lang lebten sie in dieser Hütte, und aus dem kleinen Jungen wurde ein großer und starker junger Mann.

Jeden Morgen kletterten sie vom Baum herunter und gingen durch den Wald auf die Suche nach Wasser und Nahrung. Jeden Abend kehrten sie zum Schlafen in ihr Baumhaus zurück. So waren sie sicher vor wilden Tieren. Der Alte unterrichtete den Jungen in der Lebensweise ihres Volkes und erklärte ihm, wie man Hasen, Wasserböcke und andere kleine Tiere jagt und wie man Honig sammelt.

Eines Tages sagte Digidi: »Mein Sohn, ich werde immer älter!«

»Du bist aber immer noch stark und gesund!«, sagte der Junge und lachte.

»Was machst du, wenn ich sterbe?«

»Red nicht davon!«, bat der Junge.

»Auch wenn ich nicht davon rede, ist es wahr, dass ich bald sterbe.«

»Ich wollte, wir könnten den Tod von uns fern halten«, sagte der Junge mit Tränen in den Augen.

»Das geht aber nicht. Einmal werde ich sterben, und dann bist du allein.«

»Wenn du stirbst, will auch ich sterben!«

»Nicht bevor deine Zeit gekommen ist!«

»Was also meinst du, soll ich tun?«

Der Alte dachte eine Weile nach und sagte dann: »Das Beste wäre, wir könnten eine Frau für dich finden.«

»Hier in diesem Urwald? Wie denkst du, dass wir hier eine Frau für mich finden?«

»Wir werden suchen!«

»Wo?«

»Tu, was ich sage, und red nicht so viel!«, sagte Digidi streng.

Am nächsten Tag zerstörten die beiden ihre Hütte, wanderten tiefer in den Wald hinein und begannen mit der Suche nach einer Frau. Viele Tage lang gingen sie durch den Urwald. Nachts schliefen sie auf einem Baum, und für die tägliche Nahrung legten sie Schlingen und fingen Hasen, Mäuse und Vögel.

Eines Tages trat der Blinde auf etwas, das sich wie ein Stein anfühlte. Doch er merkte sofort, dass es kein Stein war.

»Auf was bin ich getreten?«, fragte er den Jungen.

»Auf eine Schildkröte«, antwortete dieser.

»Nimm sie mit!«, sagte Digidi.

Kurz darauf trat der Blinde auf etwas, das sich wie ein langer Stecken anfühlte. Doch er merkte, dass es kein gewöhnlicher Stecken war. Es musste etwas anderes sein.

»Auf was bin ich getreten?«, fragte er.

»Auf ein Gewehr!«, antwortete der Junge.

»Nimm es mit«, sagte wieder der Alte.

Der Junge tat, wie geheißen, und sie wanderten weiter durch den Wald.

Nach mehreren Tagen kamen sie auf eine offene Ebene.

»Schau dort drüben!«, rief der Junge aufgeregt.

»Was siehst du?«, fragte der Blinde.

»Es sieht aus wie ein Dorf!«

»Ein großes Dorf?«

»Ziemlich groß.«

»Dann wollen wir hingehen!«

Kurz vor dem Dorf kamen sie zu einer Quelle, an der zwei Frauen ihre Wasserkrüge füllten. Der Alte grüßte und bat sie um einen Trunk Wasser. Dann sagte er zu den Frauen: »Wir suchen Hilfe.«

»Was braucht ihr für Hilfe?«, fragte eine der Frauen.

»Wem gehört dieses Dorf?«, fragte Digidi zurück.

»Es ist das ›Dorf der Frauen‹!«

»›Dorf der Frauen‹? Ein seltsamer Name. Warum heißt es so?«

»Weil es im ganzen Dorf keine Männer gibt!«

»Wieso keine Männer?«

»Früher gab es auch Männer in unserem Dorf. Aber der Dorflöwe hat alle gefressen.«

»Wollt ihr damit sagen, dass das Dorf von einem Löwen gegründet worden ist?«

»Nein, das nicht. Bevor der Löwe kam, gab es hier, wie gesagt, auch Männer. Aber seit er da ist, hat er alle getötet, einen nach dem andern!«

»Wie denn? Hat der Löwe sie einfach gefressen? Haben sie denn nicht gekämpft?«

Die Frauen schauten einander viel sagend an, als sei das eine ziemlich dumme Frage. Der Alte war wohl nicht ganz richtig im Kopf. Sie gingen nicht auf die Frage ein und sagten nur: »Also, ihr braucht Hilfe?«

»Ja. Wir suchen eine Frau für meinen Neffen hier«, sagte Digidi ernst. Die Frauen lachten, als habe er einen dummen Witz gemacht.

»Warum lacht ihr?«, fragte Digidi.

»Wir haben doch eben erzählt, dass es in unserem Dorf keinen einzigen Mann gibt!«, antwortete eine der Frauen.

»Zum Heiraten sucht er ja auch keinen Mann!«

»Du begreifst überhaupt nichts! Der Löwe wird nicht dulden, dass irgendein Mann im Dorf lebt. Schon viele starke und tapfere Männer sind ihm zum Opfer gefallen.«

»Vielleicht liegt es daran, dass sie zu stark und zu tapfer waren. Können wir diesen Löwen einmal sehen?«

Der alte Mann wirkte so finster entschlossen, dass die Frauen noch viel mehr lachen mussten. »Das ist doch nicht dein Ernst?«, fragte die eine.

»Sehe ich so aus, als ob ich es nicht ernst meinte?«

»Wir sehen nur, dass du ein Gewehr bei dir hast und alt und blind bist. Die Männer, die vom Löwen getötet worden sind, hatten auch Gewehre, aber keiner von ihnen war alt und blind!«

Die Frauen schienen verärgert. Der Alte machte sich offenbar lustig über ihre Männer, die vom Löwen gefressen worden waren.

»Trotzdem...«, beharrte Digidi.

»Nun, mach wie du willst, wenn du es besser weißt! Aber verschwende bitte nicht unsere Zeit mit deinem dummen Gerede.«

»Gebt ihr uns wenigstens eine Unterkunft für die Nacht?«

»Damit eure Geister uns heimsuchen, weil wir es zulassen, dass der Löwe euch tötet ... Nein danke! Geht eurer Wege! Folgt unserem Rat und verlasst unser Dorf, so schnell ihr könnt! Der Löwe kommt bald von der Jagd zurück, und wenn er euch wittert, dann ...«

»Gibt es hier keinen Dorfältesten? Jemand, mit dem wir reden können?«

»Ich bin die Dorfvorsteherin«, sagte die eine der Frauen, »und ich rate euch zum letzten Mal, macht euch davon, ehe es zu spät ist!«

»Ihr habt nichts zu befürchten«, sagte Digidi. »Wenn uns ein Leid geschieht, ist es meine Schuld. Gebt uns Unterkunft für diese Nacht, und wer weiß ... vielleicht werdet ihr es nicht bereuen!«

Wieder lachten die Frauen. Doch sie gaben schließlich nach und nahmen die beiden mit ins Dorf.

Dort kamen alle Frauen, um den törichten Blinden und seinen Neffen zu sehen. Sie umringten die beiden und stellten ihnen viele Fragen. Es war klar, dass die Frauen über sie lachten. Mehr als einmal flüsterte der Junge Digidi zu: »Sollten wir nicht dem Rat folgen und fortgehen, bevor der Löwe zurückkommt?«

»Willst du denn keine Frau?«, gab ihm der Alte zur Antwort.

»Und was nützt sie mir, wenn ich tot bin?«

»Wer sagt, dass du sterben wirst?«

»Wie die Frauen erzählen, macht der Löwe kurzen Prozess.«

»Das erzählen die Frauen. Was meinst du?«

»Ich fürchte, wir sehen die Sonne morgen nicht mehr ...«

»Ich sehe die Sonne schon das halbe Leben nicht mehr. Bin ich deswegen vielleicht tot?«

Darauf wusste der Junge nichts zu sagen.

Die Frauen versorgten die beiden reichlich mit Essen. »Wenigstens sollt ihr nicht hungry sterben!«, lachten sie, und der alte Digidi lachte mit.

Nach dem Abendessen zeigten die Frauen den beiden eine Hütte, in der sie die Nacht verbringen konnten.

»Verschließt die Tür gut!«, sagte die eine der Frauen, und wieder lachten die anderen.

»Sollten wir uns nicht besser aus dem Staub machen?«, flüsterte der Junge, als sie endlich allein waren.

»Hast du die Schildkröte bei dir?«, fragte ihn stattdessen der Alte.

»Ja.«

»Und das Gewehr?«

»Ja.«

»Gut. Dann wollen wir schlafen!«

Kaum gesagt, schnarchte der Alte schon. Der Junge fand keinen Schlaf. Jedes Mal, wenn er am Einnicken war, glaubte er einen riesigen, zottigen Löwen zu sehen, der vor ihm stand und laut brüllte.

Gegen Morgen hörte er tatsächlich die schweren Schritte eines Löwen. Dann erhob sich ein Gebrüll, dass die Erde erzitterte, und die Stimme des Löwen fragte: »Welcher Narr hat die Frechheit, in meinem Haus zu schlafen?«

»Großvater, wach auf! Der Löwe ist da!«, rief der Junge aufgeregt und schüttelte den Alten heftig. Der erwachte aus seinem tiefen Schlaf und fragte: »Was ist los?«

»Der Löwe! Er ist da!«

Draußen brüllte der Löwe wieder: »Welcher Narr schläft in meinem Haus?«

»Und welcher Narr stellt so dumme Fragen?«, schrie Digidi zurück.

»Ich bin der Mann in diesem Dorf!«, knurrte der Löwe.

»Glaubst du, dich fürchtet einer?«, fragte unerschrocken der Alte.

»Willst du meinen Bart sehen?«, sagte der Löwe, riss sich ein Büschel Haare aus und schob es durch einen Türspalt ins Haus. Das Haar war ganz verfilzt und voller Zecken. Als Digidi die Zecken im Löwenhaar spürte, schnaubte er verächtlich und rief:

»Wenn du meinen Bart sehen könntest, würdest du Reißaus nehmen und dich in der Hütte deiner Mutter verstecken! Schau her, ich zeige dir eine der vielen Zecken, die in meinem Bart leben!«

Und er schob die Schildkröte durch den Türspalt.

Beim Anblick dieser riesigen ›Zecke‹ wich der Löwe erschrocken zurück. Es blieb eine Weile ganz still. Da rief der Alte: »Bist du noch da, oder hast du dich zu deiner Mutter verkrochen?«

»Willst du mich brüllen hören?«, antwortete der Löwe beleidigt und brüllte, so laut er konnte. Der Junge fiel vor Schreck fast in Ohnmacht, und im ganzen Dorf zitterten die Frauen vor Angst, obwohl sie in ihren Hütten sicher waren.

»Höre ich recht? Hat da eine Maus gepiepst?«, fragte Digidi, als es wieder still war. »Komm näher an den Türspalt mit deiner Schnauze und brülle etwas lauter, sonst kann ich dich gar nicht hören!«

Da steckte der Löwe die Schnauze durch den Spalt und riss das Maul weit auf, um noch lauter zu brüllen. Doch das Gewehr des Alten brüllte schneller.

Am Morgen fanden die Frauen den Löwen tot vor der Hütte, in der der blinde Alte und sein Neffe schliefen. Er lag auf dem Rücken und streckte alle viere in die Luft.

So wurde der blinde Digidi Dorfältester im Dorf der Frauen. Der Junge heiratete eine der Frauen und hatte mit ihr viele Kinder. Seine Söhne waren die ersten jungen Männer im Dorf, die keine Angst vor Löwen hatten.

Der Wald
Frissoderduwirstgefressen

Der Hase und der Pavian waren Nachbarn. Sie waren auch gut miteinander befreundet. Der Hase hatte einen Sohn namens Nowa, den er sehr liebte. Der Pavian hatte keine Kinder.

Eines Tages sagte der Pavian zum Hasen: »Ich will nächstens meine Verwandten besuchen. Es ist eine weite Reise, und da hätte ich gern Gesellschaft, damit ich mich unterwegs unterhalten kann. Ist es dir recht, wenn dein Sohn mich begleitet?«

»Aber sicher!«, sagte der Hase.

»Für den Reiseproviant werde ich sorgen, da braucht sich deine Frau keine Mühe zu machen«, sagte der Pavian.

»Umso besser«, antwortete der Hase.

Am nächsten Morgen machten sich Onkel Pavian und das Hasenkind Nowa schon in aller Frühe auf den Weg. Den versprochenen Reiseproviant hatte der Pavian allerdings nicht bei sich. Und der kleine

Nowa war viel zu aufgeregt, um zu merken, dass sie für die ganze, lange Reise keine Verpflegung mitgenommen hatten.

Sie waren nun schon lange unterwegs. Die Sonne war längst aufgegangen, doch sie wanderten ohne Pause immer weiter. Auch als die Sonne hoch am Himmel stand, hatten sie noch nirgends Halt gemacht.

»Ich habe Durst, Onkel Pavian«, sagte Nowa schließlich.

»Warte, bis wir an den Makudo-Fluss kommen«, erwiderte der Pavian. »Es geht nicht mehr lange.«

Als sie endlich den Fluss erreichten, ging Nowa sogleich zum Wasser, um sich ausgiebig den Durst zu löschen. Da rief der Pavian: »Halt! Hör auf!«

Überrascht blickte Nowa auf und fragte: »Was ist? Habe ich etwas falsch gemacht?«

»Zum Glück noch nicht! Aber du wolltest gerade trinken, und ich hatte vergessen, dir zu sagen, dass Kinder in deinem Alter aus dem Makudo-Fluss nicht trinken dürfen.«

»Warum nicht?«

»Sie müssen sonst sterben«, sagte der Pavian mit düsterer Miene.

»Warum?«

»Du fragst zu viel. So ist es eben!«

Nowa wunderte sich sehr. Doch er wusste, dass Kinder nicht andauernd Fragen stellen sollten, und er fürchtete sich auch, weiter zu fragen. Dabei war er so durstig! Und als er zuschauen musste, wie der Pavian behaglich aus dem Fluss trank, wurde sein Durst immer größer. Aber was sollte er machen?

Als Onkel Pavian genug getrunken hatte, wusch er sich das Gesicht in den kühlen Fluten. Dann machten sich die beiden wieder auf den Weg. Den kleinen Hasen plagte jetzt nicht nur der Durst. Auch die Füße taten ihm weh.

»Onkel Pavian«, sagte er, »könnten wir uns nicht ein wenig setzen und ausruhen? Meine Füße tun schrecklich weh.«

»Was fällt dir ein?«, rief der Pavian. »Herumsitzen und ausruhen! Weißt du überhaupt, was du da sagst?«

»Was ist daran verkehrt, sich hinzusetzen und ein wenig auszuruhen?«, jammerte Nowa.

»Hohoho! Ich sehe, du bist jung und unerfahren! Weißt du, wie dieser Urwald heißt?«

»Wie heißt er?«

»Wir sind hier im Urwald Frissoderduwirstgefressen! Es ist lebensgefährlich, sich hier niederzusetzen und auszuruhen!«

Da wurde Nowa ganz still, und sie setzten ihren Weg fort.

Sie gingen und gingen. Auf einmal fühlte der kleine Hase, wie sich in seinem Kopf alles drehte.

»Onkel Pavian«, rief er mit Tränen in den Augen.

»Was ist los?«

»Ich kann nicht mehr. Ich bin so hungrig!«

»Siehst du dort drüben?«, der Pavian deutete auf einen Baum.

»Ein *mukute*-Baum!«, sagte Nowa und wurde wieder munter. »Ob er wohl Beeren trägt?«

»Schauen wir nach«, meinte der Pavian.

Tatsächlich, der Baum hing voll mit schwarzen, saftigen *hute*-Beeren. Nowa lief das Wasser im Mund zusammen. Er streckte die Hand aus und wollte gerade eine dicke, saftige Beere pflücken. Da schrie der Pavian: »Halt!«

»Was ist? Habe ich etwas Verbotenes getan?«, fragte Nowa verzweifelt und schaute den Pavian mit großen runden Augen an.

»Nein, aber fast hättest du es getan. Ich habe ganz vergessen, dir zu sagen, was Kinder in diesem

Urwald tun müssen, wenn sie einen Baum voll Früchte sehen. Sie müssen rufen: ›Für uns sind die unreifen Beeren!‹ Dann antworten die Erwachsenen: ›Uns gehören die großen, reifen und saftigen Beeren!‹«

»Warum?«, fragte Nowa, und eine dicke Träne rollte ihm über die linke Backe. Er hatte solchen Hunger! Noch nie war er so hungrig gewesen.

»Warum, darum! Warum fragst du mich immer?«, sagte der Pavian böse und schaute ihn an, als habe er etwas ganz Schlimmes gesagt. »Willst du am Ende sterben? Habe ich dir nicht den Namen dieses Urwalds gesagt?«

»*Frissoderduwirstgefressen*«, flüsterte Nowa voller Angst.

»Also, vergiss den Namen nie und sprich ihn nicht aus, sonst werden wir den Wald nicht lebendig verlassen!« Der Pavian senkte die Stimme, als lauerte in der Nähe eine unsichtbare Gefahr.

Dann wandte er sich dem Fruchtbaum zu und begann, sich in aller Gemütlichkeit den Bauch mit den großen, reifen Beeren voll zu schlagen. Nowa knabberte inzwischen traurig an ein paar grünen, unreifen Beeren. Sie waren so hart und bitter, dass er sie kaum hinunterbrachte. Tränen kullerten ihm übers Gesicht, als er sah, wie dem Pavian der

dunkle Beerensaft vom Kinn tropfte. Er wünschte, er wäre nie auf diese Reise mitgegangen. Doch der Vater hatte es ihm befohlen, und als braves Hasenkind war er es gewohnt, zu gehorchen.

Ob der Vater von all den Gefahren des Urwaldes wusste? Er hatte nie etwas davon gesagt. Nowa nahm sich vor, ihn zu fragen, wenn sie wieder zu Hause waren. Aber ob er je wieder nach Hause kommen würde? Vielleicht musste er unterwegs sterben! Er war am Verhungern, starb fast vor Angst, und die Füße taten furchtbar weh! Als Onkel Pavian sich endlich satt gegessen hatte, machten sich die beiden wieder auf den Weg. Nowa war froh, dass es nun wenigstens langsam ging. Der Pavian konnte nicht mehr so schnell gehen, denn er hatte so viele Beeren gegessen, dass sein Bauch fast am Boden nachschleifte.

Unterwegs kamen sie immer wieder an Bäumen mit rcifen Früchten vorbei. Jedes Mal aß Onkel Pavian schmatzend die saftigsten Beeren, während Nowa lustlos ein paar unreife kaute. Er hätte gern vieles gefragt, doch nach allem, was er bisher erlebt hatte, hielt er lieber den Mund. So wanderten sie schweigend weiter.

Kurz vor Sonnenuntergang verließen sie den Urwald und kamen auf eine grasige Steppe, auf der nur ein paar Büsche wuchsen. Plötzlich sagte der Pavian: »Siehst du den Strauch dort drüben?«

»Was ist?«, fragte Nowa voll Hoffnung, da gebe es etwas Essbares für Kinder.

»Der Strauch heißt *mundatsva*. Merke ihn dir gut! Seine Blätter helfen gegen Blasen und Verbrennungen. Solltest du mich je schreien hören: ›Aua! Ich habe mich verbrannt! Ich habe mich verbrannt!‹, dann lauf sogleich zu diesem Strauch, pflücke ein paar Blätter und bring sie mir, so schnell du kannst! Verstanden?«

»Ich will es mir merken!«, sagte Nowa.

Gerade als die Sonne unterging, waren sie endlich am Ziel der Reise. Onkel Pavians Verwandte freuten sich sehr über den Besuch. Sie brachten den beiden Wasser zu trinken, und während die Gäste sich ausruhten, kochten die Affen ein Festessen für sie, bestehend aus *sadza*, das heißt Maisbrei, mit allem Drum und Dran.

Als Nowa den dampfenden *sadza* mit dem großen Topf Fleisch und Gemüse sah, lief ihm das Wasser im Mund zusammen. Er dachte: »Wie gut, dass ich den ganzen Tag nichts gegessen habe.

Jetzt kann ich mir den Bauch füllen ohne Angst, mich zu überessen.« Onkel Pavian würde sicher nicht mehr viel essen mögen, weil sein Bauch bis oben voll Beeren war.

Sie wuschen sich die Hände und setzten sich zum Essen. Onkel Pavian bediente sich als ältester zuerst. Als aber Nowa den ersten Bissen *sadza* zum Mund führen wollte, sprang der Pavian auf, spuckte aus, was er im Maul hatte, und schrie wie am Spieß: »Aua! Ich habe mich verbrannt! Ich habe mich verbrannt!«

Es klang wirklich so, als stünde er in Flammen.

Ohne zweimal zu überlegen, stand Nowa auf und lief schnurstracks zu dem kleinen Strauch, den der Pavian *mundatsva* genannt hatte. Als er mit den *mundatsva*-Blättern zurückkam, sah er, dass Onkel Pavian inzwischen alles aufgegessen hatte. Nur ein kleiner Rest Maisbrei war übrig geblieben. Den aß er nun und knabberte dann an ein paar Knochen, die der Pavian bereits abgenagt und auf den Fußboden geworfen hatte.

Nowa weinte vor Hunger, doch umsonst. Onkel Pavian unterhielt sich mit seinen Verwandten, und der kleine Hase war viel zu gut erzogen, als dass er sich getraut hätte, die Erwachsenen zu stören, die offenbar über wichtige Angelegenheiten sprachen.

Die ganze Nacht konnte Nowa nicht schlafen. Mit offenen Augen träumte er von Maisbrei-Bergen und riesigen Töpfen voll Fleisch.

Am nächsten Morgen rief ihn Onkel Pavian in aller Frühe zum Aufbruch. Nowa hätte gern gesagt, sie sollten doch eigentlich um etwas Reiseproviant bitten. Aber der Pavian hätte wohl sowieso nicht auf ihn gehört. Der kleine Hase merkte allmählich, dass er es nicht sehr gut mit ihm meinte. Auf dem Heimweg musste sich Nowa wieder mit den unreifen Früchten begnügen, während Onkel Pavian gierig die reifen verschlang.

Vater Hase war froh, als er die beiden sicher und gesund nach Hause kommen sah. Allerdings wollte Nowas Aussehen ihm nicht recht gefallen. Der Kleine sah blass und müde aus.

»Bist du krank?«, fragte er seinen Sohn.

Noch ehe Nowa etwas sagen konnte, warf der Pavian ein: »Wir haben einen langen Weg hinter uns! Dein Sohn ist viel zu jung für eine so weite Reise.«

Dabei warf er Nowa einen Blick zu, der zu sagen schien: »Wehe, wenn du deinem Vater ein Sterbenswort über unsere Reise verrätst! Dann ziehe ich dir bei lebendigem Leibe das Fell über die Ohren!«

Die Erwachsenen unterhielten sich noch eine Weile. Dann ging Onkel Pavian nach Hause.

Kaum war er fort, erzählte Nowa seinem Vater alles, was er erlebt hatte. Auch die Geschichte vom Urwald *Frissoderduwirstgefressen*.

Als der Kleine mit seinem Bericht fertig war, sagte Vater Hase: »Es gibt gar keinen Urwald mit diesem Namen!«

»Warum hat mir Onkel Pavian lauter Lügen erzählt?«

»Ich weiß nicht. Aber jetzt lauf schnell zu deiner Mutter, damit sie dir etwas zu essen gibt. Vergiss Onkel Pavian! Ich werde mit ihm ein Wörtchen reden.«

Vater Hase sprach nicht sofort mit seinem Nachbarn. Er zog es vor, einen günstigen Zeitpunkt abzuwarten. Er brauchte nicht einmal lange zu warten. Schon ein halbes Jahr später kam Onkel Pavian und fragte wieder, ob er Nowa auf eine Reise zu seinen Verwandten mitnehmen dürfe. Der Pavian war überzeugt, dass das Hasenkind seinem Vater nichts über die vorige Reise verraten hatte. Sonst hätte Vater Hase ihn sicher längst zur Rede gestellt.

»Tut mir Leid, bester Freund«, antwortete der

alte Hase nun auf die Frage seines Nachbarn, »eben habe ich Nowa zu seiner kranken Großmutter geschickt! Aber wenn es dir recht ist, begleite ich dich selber auf der Reise. Ich habe mit deinen Verwandten, den Affen, eine Kleinigkeit zu regeln.«

Dem Pavian war es gar nicht recht, mit dem Hasenvater zu reisen. Doch ehrlich gesagt, hatte er Angst, allein durch den Urwald zu gehen. Deshalb sagte er: »Das freut mich! Aber sag mir, warum willst du die Affen besuchen? Was haben sie schon wieder angestellt? Du weißt, dass ich von den kleinen Wichtigtuern nicht viel halte.«

»Die Sache ist streng vertraulich. Ich erzähle dir später davon, wenn ich die Dinge geregelt habe«, erwiderte der Hase.

»Sag ihnen nur gehörig die Meinung!«, sagte Onkel Pavian streng. »Sie machen mir und meinen Leuten in letzter Zeit ständig Ärger.«

»Dann brechen wir also morgen in aller Frühe auf!«, sagte der Hase.

»Abgemacht! Und um das Picknick brauchst du dich nicht zu kümmern! Ich werde dafür sorgen.«

»Umso besser. Ich habe mir schon Gedanken gemacht, wie ich es fertig bringe, zwei Taschen zu schleppen. Ich muss nämlich immer meinen Medizinbeutel mitnehmen, da ich eine Krankheit habe, die dreimal am Tag behandelt werden muss.«

»Das ist ja furchtbar! Und was geschieht, wenn du die Medizin vergisst?«, wollte Onkel Pavian wissen.

»Das wäre mein Ende!«, sagte Vater Hase mit tragischer Stimme.

»Dann vergiss auf keinen Fall die Medizin!«, sagte der Pavian, der fand, es sei besser, ein wenig Sorge zu heucheln.

Am nächsten Morgen machten sich die beiden auf den Weg. Sie gingen und gingen und gingen, und während sie so dahinwanderten, trank der Hase ab und zu ein Schlückchen aus seiner Medizinflasche.

Der Pavian hatte auch diesmal kein Picknick mitgebracht. Er war inzwischen schon recht durstig und hungrig geworden. Er hoffte, wie gewöhnlich den Makudo-Fluss zu erreichen, bevor es richtig heiß wurde. Doch der Hase hatte eine Abkürzung vorgeschlagen, und nun kam und kam der Fluss nicht.

Während Onkel Pavian immer heftiger unter Hunger und Durst litt, schien Vater Hase nach jedem Schluck aus seiner Medizinflasche gestärkt und erfrischt. Allmählich kam dem Pavian der Verdacht, bei der Flüssigkeit, die seinem Weggenossen beim Trinken aus dem Mundwinkel troff, handle es sich am Ende gar nicht um Medizin. Er hätte gern gefragt, was es sei. Doch schwieg er lieber.

Die Sonne stand hoch über ihren Köpfen und noch immer hatten sie den Fluss nicht erreicht. Der Hase marschierte in flottem Tempo voraus, während Onkel Pavian schon die Beine wehtaten. Vater Hase hatte die ganze Unterhaltung übernommen. Der Pavian konnte nur noch müde nicken oder ein mattes Grunzen von sich geben. Schließlich blieb er immer weiter auf dem Weg zurück.
»Was fehlt dir, lieber Freund?«, erkundigte sich der Hase.
»Oh, nichts. Nur ein wenig Schmerzen an der Zehe. Ich bin gestern auf meinem Feld gegen einen Baumstumpf gerannt.«

Und weiter ging die Reise. Der Hase marschierte immer schneller und begann schließlich zu laufen. Sobald er ein rechtes Stück voraus war, setzte er sich an den Wegrand und genehmigte sich in aller

Ruhe ein Schlückchen aus seiner Flasche. Kaum hatte Onkel Pavian ihn eingeholt, stand er auf und lief weiter. Schließlich hielt es der Pavian nicht mehr aus.

»Ich fürchte, wir haben uns verirrt«, sagte er, nachdem er den Hasen zum fünften Mal eingeholt hatte.

»Ich glaube nicht«, entgegnete der Hase.

»Wir hätten längst den Makudo-Fluss überqueren sollen!«

»Ja, wenn wir den gewohnten Weg genommen hätten! Aber nicht, wenn wir die Abkürzung nehmen. Hier macht der Fluss einen Bogen und entfernt sich von uns. Deshalb dauert es länger, bis wir ihn erreichen. Später macht er wieder eine Schleife und fließt direkt auf uns zu. – Aber was hast du? Ist dir nicht gut? Willst du lieber umkehren?«

»Nein, nein«, sagte Onkel Pavian beschämt, denn der Hase tönte so, als hielte er ihn für einen Feigling. »Ich dachte nur, dass wir längst beim Fluss sein sollten!«

Da schaute Vater Hase ihm lange und durchdringend ins Gesicht und sagte schließlich: »Du hast doch nicht etwa Hunger?«

Onkel Pavian wollte abwehren. Doch dann

dachte er, es sei besser, die Wahrheit zu sagen. Schließlich wollte er nicht hungers sterben …

»Nun, ein klein bisschen vielleicht«, gab er zu. »Ich hätte gern am Fluss einen Schluck Wasser getrunken. Von dort dauert es nicht mehr lange, bis wir im Urwald sind, wo die vielen Früchte wachsen!«

Wieder schaute Vater Hase ihm lange ins Gesicht. Dann sagte er in einem Ton, als täte ihm der Pavian echt Leid: »Weißt du was, ich gebe dir ein wenig von meiner Medizin. Sie wird dich stärken wie eine Mahlzeit.«

»Schadet es nichts, wenn ich etwas davon nehme?«, fragte der Pavian eifrig.

»Gar nichts, nur …«

»Nur was?«, fragte Onkel Pavian misstrauisch. Er hatte den Verdacht, dass der Hase ihm die Medizin nicht gönnte.

»Nur darfst du hinterher den ganzen Tag nichts mehr essen oder trinken!«

Es entstand eine kleine Pause. Der Pavian überlegte, was das bedeuten würde. »Wenn die Medizin dem Hasen bis jetzt so gut getan hat«, dachte er, »dann werde auch ich für den Rest des Tages gestärkt sein und nichts anderes brauchen …«

»Also gut, ich nehme die Medizin!«, sagte er entschlossen und streckte die Hand aus.

»Aber sag hinterher nicht, ich hätte dich nicht gewarnt«, erwiderte der Hase und reichte ihm die Flasche.

Der Pavian setzte sie an die Lippen und versuchte erst ganz wenig von der Medizin. Er ließ sie auf der Zunge zergehen, steckte sich dann gierig die ganze Flaschenöffnung in den Mund und trank fünf große Schlucke. Es sah aus, als wolle er gar nicht mehr aufhören, bis der Hase schrie: »Halt! Genug! Das ist meine Medizin!«

Zögernd ließ der Pavian die Flasche los. »Es schmeckt wie Honig«, sagte er und wischte sich den Mund ab.

»Die Medizin ist mit Honig gemischt«, erklärte der Hase. »Wollen wir jetzt weitergehen?«

Und sie setzten ihre Reise fort.

Wenig später kamen sie zum Makudo-Fluss. »Ah, endlich Wasser!«, sagte der Hase und kniete nieder, um aus dem Fluss zu trinken.

Bevor er einen Schluck tun konnte, rief Onkel Pavian: »Halt! Nicht trinken!«

»Warum nicht? Was ist los?« Vater Hase tat so, als sei er sehr überrascht.

»Nichts Besonderes! Ich habe nur vergessen, dir zu sagen, dass wir hier im Pavian-Land sind. Nur Leute aus dem Stamm der Paviane dürfen aus diesem Fluss trinken!«

»Was geschieht, wenn man nicht zum Stamm der Paviane gehört und trotzdem daraus trinkt?«

»Wer das tut, der stirbt«, sagte der Pavian streng und warf dem Hasen einen Blick zu, der zu sagen schien: »Untersteh dich, dieses uralte Gesetz zu übertreten!«

Mit einem sehnsüchtigen Blick schaute Vater Hase auf das vorüberfließende Wasser. Dann seufzte er, stand auf und griff still zu seinem Medizinbeutel, der an einem Riemen über seine Schulter hing.

»Tut mir Leid, lieber Freund!«, sagte Onkel Pavian und lächelte dünn, während er sich zum Trinken am Flussufer niederkniete. »Ich hätte dich schon früher warnen sollen. Aber Gesetz ist Gesetz!«

»Halt, Freund! Was fällt dir ein?«, rief da der Hase.

Der Pavian drehte sich um und schaute den Hasen fragend an. »Was ist los? Ist etwas verkehrt?«

»Hast du die Medizin vergessen? Was habe ich dir gesagt?«

Langsam erhob sich der Pavian und murmelte: »Ich dachte, du hast vom Essen gesprochen – davon, dass ich nach der Medizin nichts mehr essen dürfe!«

»Weder essen noch trinken, habe ich gesagt! Hättest du gut zugehört, dann hättest du es auch richtig verstanden. Wenn du von diesem Wasser trinkst, dann können deine Leute dich heute Abend begraben! So wahr mein Vater Magena heißt! Du kommst nicht einmal mehr lebendig über den Fluss.«

Onkel Pavian war zutiefst erschrocken. Er sah schon deutlich vor sich, wie man ihn ins Grab hinunterließ. Für einen Moment vergaß er sogar seinen Durst. »Entschuldige!«, rief er und wich vom Wasser zurück, als sei es ein wildes Tier, das zum Sprung auf ihn ansetzte.

»Ich bin es, der sich bei dir entschuldigen sollte«, sagte der Hase mit besorgter Stimme. »Ich war es ja, der dir die Medizin gegeben hat. Ich hätte es besser nicht tun sollen!«

»Komm, gehen wir weiter!«, sagte schließlich der Pavian. Er wollte keinen Augenblick länger an diesem tödlichen Ort verweilen.

Onkel Pavian überquerte den Fluss als erster. Er wandte sich kein einziges Mal um und merkte deshalb nicht, dass der Hase seine Medizinflasche am anderen Ufer zurückließ.

Als der Fluss hinter einem Hügel verschwunden war, rief Vater Hase plötzlich: »Ach du meine Güte, jetzt habe ich die Flasche drüben am anderen Ufer stehen lassen!«

»Dann geh zurück und hol sie! Ich warte hier auf dich«, sagte Onkel Pavian.

Also ging der Hase ans andere Ufer zurück und ließ sich dort alle Zeit, um lange und ausführlich von dem kühlen Wasser zu trinken. Dann nahm er die Flasche und ging zum Pavian, der ungeduldig auf ihn wartete.

»Hast du sie?«, rief er von weitem, als er den Hasen kommen sah. Dieser schwenkte ihm die Flasche entgegen.

»Du kannst von Glück reden«, knurrte Onkel Pavian böse. »Sei froh, dass niemand vom Stamm der Affen dich am Fluss überrascht hat. Sonst könnten deine Leute dich heute Abend begraben!«

»Da habe ich ja Glück gehabt!«, sagte Vater Hase und heimlich lachten beide beim Gedanken, wie nahe jeder von ihnen dem Tod gewesen war.

Zumindest Onkel Pavian glaubte daran …

Und weiter ging die Reise. Sie wanderten und wanderten, doch noch immer war vom Urwald weit und breit nichts zu sehen. Der Pavian wurde fast verrückt vor Hunger und Durst. Die saftigen *hute*-Beeren tanzten ihm wie Mücken im Kopf herum. Schließlich konnte er den Gedanken nicht mehr länger für sich behalten. Er seufzte: »Wir sollten längst im Wald mit den Fruchtbäumen sein!«

»Habe ich dir nicht gesagt, dass wir viel weiter westlich über den Fluss gegangen sind?«

»Doch, stimmt, das hast du gesagt«, erwiderte der Pavian. Dann räusperte er sich verlegen und fuhr fort: »Könnte ich nicht vielleicht … gibst du mir bitte noch ein wenig von deiner Medizin? Nur wenn es keine Umstände macht!«

Vater Hase blieb stehen, als ob er etwas ganz Schreckliches gehört hätte. Er starrte den Pavian lange an, bis es diesem ungemütlich wurde. »W … wa … was ist?«, stotterte er. »Habe ich etwas gesagt, das ich nicht hätte sagen sollen?«

»Sicher, du Narr!«, sagte der Hase schneidend und starrte ihn an, als habe er im ganzen Leben noch nie einen solchen Dummkopf gesehen. Onkel Pavian blickte verlegen auf seine Füße.

Endlich schüttelte Vater Hase den Kopf und sagte: »Bester Freund, es tut mir Leid. Alles meine Schuld! Ich dachte natürlich, dass du in deinem Alter weißt, was eine Überdosis Medizin bedeutet! Hast du noch nie davon gehört?«

»Doch, doch, selbstverständlich!«, antwortete Onkel Pavian schnell. »Ich dachte nur gerade nicht daran.«

»Wenn dir dein Leben lieb ist, dann solltest du an solche Sachen denken! In dieser Flasche ist kein Picknick, sondern Medizin!«

Nach diesem Wortwechsel setzten sie schweigend ihren Weg fort. Onkel Pavian wurde langsam wütend auf den Hasen. Er litt unter der Sonnenhitze, seine Kehle war ausgedörrt von dem Honig, den er geschleckt hatte, und nun dauerte es endlos, bis sie in den Beerenwald kamen. Alles nur, weil der Hase gesagt hatte, er kenne eine Abkürzung. Onkel Pavian fing an, seinen Reisegefährten richtiggehend zu hassen. Wenn dieser etwas sagte, gab er keine Antwort.

Dem Hasen war es recht, dass der Pavian beleidigt war. Er begann, immer schneller zu laufen. Onkel Pavian suchte Schritt zu halten, doch der Durst brannte ihm wie Feuer in der Brust und er hatte das Gefühl, Steine an den Füßen zu tragen. Während er immer weiter zurückblieb, dachte er sich die hässlichsten Dinge aus, die er dem Hasen bei nächster Gelegenheit antun wollte.

Als Vater Hase merkte, dass der Pavian innerlich kochte vor Wut, fing er an zu singen und zu tanzen, was den Pavian noch wütender machte.

Endlich erreichten sie den Wald mit den saftigen Beeren. Vater Hase erwartete den Pavian am Waldrand und sagte aufmunternd: »Jetzt sind wir bald bei deinen Verwandten!«

»Es wird auch Zeit!«, erwiderte Onkel Pavian drohend, als würde er den Hasen am liebsten zum Abendessen verspeisen.

»Schau dort drüben!«, sagte dieser, als sie ein Stück weit in den Wald hineingegangen waren. Er zeigte auf einen *mukute*-Baum, der ganz schwarz war von saftigen, reifen Beeren. Ohne ein Wort zu verlieren, gingen die beiden zu dem Baum.

Der Hase war als erster da. Er pflückte eine schöne reife Beere und wollte sie gerade in den Mund stecken, als Onkel Pavian rief: »Halt, Freund!«

Mit der Beere in der Hand schaute Vater Hase sich erstaunt nach ihm um. »Habe ich etwas Verbotenes getan?«, fragte er.

»Wir befinden uns hier auf Pavian-Gebiet! Habe ich dir das nicht gesagt?«

»Du sagtest nur, ich dürfe kein Flusswasser trinken!«

»Und ich dachte, dir sei klar, dass das auch für die Früchte gilt. Schließlich geht beides in den Magen! Oder etwa nicht?«

»Nun, dann lass uns weitergehen!«, sagte der Hase.

Onkel Pavian war inzwischen bereits am Beerenpflücken. Doch ehe er die Beeren in den Mund schieben konnte, packte Vater Hase mit schnellem Griff seine Hand und schrie, als brüllte er ein Kind an, das mit Feuer spielt: »Finger weg! Die Medizin! Begreifst du denn nicht? Du hast doch Medizin genommen! Willst du, dass deine Leute mich umbringen? Mir würden sie die Schuld zuschieben, weil ich dir von meiner Medizin gegeben habe!«

Für einen Augenblick starrten die beiden Freunde einander wütend an. Im Blick des Pavians glomm eine mörderische Glut, doch in den Augen des Hasen blitzte es ebenso gefährlich. Er schien sagen zu wollen: »Nimm dich in Acht! Wenn du von diesen Beeren isst, bist du ein toter Mann!«

Schließlich warf Onkel Pavian die Beeren zu Boden, worauf Vater Hase seine Hand losließ.

»Gehen wir!«, knurrte Onkel Pavian und marschierte voraus. In seinem Zorn merkte er nicht, dass Vater Hase seinen Medizinbeutel von der Schulter nahm und zu Boden fallen ließ.

Nach einer Wegbiegung sagte der Hase: »Ach, jetzt habe ich schon wieder meinen Beutel stehen lassen!«

»Das darf ja nicht wahr sein!«, rief Onkel Pavian. »Wenn du den Beutel noch einmal vergisst, dann werde ich nicht mehr auf dich warten!«

Doch er setzte sich nieder und wartete, denn er brauchte dringend eine Pause nach dem langen, hungrigen und durstigen Weg.

Vater Hase lief indessen zurück zum *mukute*-Baum, pflückte zwei Hände voll Beeren und aß sie. Er war zwar gar nicht besonders hungrig, denn er hatte sich den ganzen Tag mit Honig aus der Medizinflasche genährt. Doch die Beeren stillten den Durst. Er holte seinen Beutel und kehrte zum Pavian zurück.

»So, nun wollen wir uns aber auf den Weg machen«, sagte er aufmunternd.

Onkel Pavian ging das fröhliche Getue des Hasen auf die Nerven. Er spürte, wie in seinem Innern der Hass gegen ihn wuchs. Er überlegte, welche Gemeinheiten er ihm noch sagen könnte, doch es fiel ihm nichts Rechtes ein. »Warte nur«, sagte er schließlich, »eines Tages werden die Affen deinen Medizinbeutel stehlen, und dann ist es mit dir endgültig aus und vorbei!«

»Das wird nicht passieren. Ich bin eben ein Glückspilz!«, sagte der Hase und blinzelte seinem Freund schelmisch zu. Dann lief er schnell voraus. Onkel Pavian schnaubte verzweifelt hinterher und sann auf Rache. Er merkte nicht, dass der Hase von jedem Baum eine Frucht aß. Schließlich erreichten sie die Stelle, wo der *mundatsva*-Strauch wuchs. Da sagte Onkel Pavian wieder: »Dieser Strauch heißt *mundatsva*. Merke ihn dir genau! Seine Blätter sind gut gegen Blasen und Verbrennungen. Solltest du mich je schreien hören: ›Aua! Ich habe mich verbrannt! Ich habe mich verbrannt!‹, dann lauf sogleich zu diesem Strauch zurück und bring mir ein paar Blätter, so schnell du kannst!«

»Geht in Ordnung«, sagte der Hase und ging dicht an den kleinen Strauch heran. »Ich will mir die Blätter gut einprägen. Es dunkelt ja schon!«

Und während der Pavian in den Abend sinnierte, pflückte der Hase schnell einige Blätter und steckte sie in ein Täschchen, das er immer am Gürtel trug.

Es war schon spät, als sie bei Onkel Pavians Verwandten eintrafen. Die Affen hießen sie herzlich willkommen und gaben ihnen Wasser, damit sie sich den Staub von der langen Reise abspülen konnten. Die Pavianmädchen kochten inzwischen ein Festessen für ihre Gäste. Es gab *sadza* mit Hähnchen. Als der Pavian und der Hase sich gewaschen hatten, war das Essen fertig. Die Mädchen brachten die dampfenden Töpfe herein.

Onkel Pavian steckte die Finger in den Maisbrei, sprang auf und schrie: »Aua! Ich habe mich verbrannt, ich habe mich verbrannt!«

Ohne Zögern holte Vater Hase die *mundatsva*-Blätter aus seinem Täschchen. Der Pavian warf ihm einen bitterbösen Blick zu. Doch er nahm die Blätter entgegen und presste den grünen Saft auf die Finger seiner Hand. Vater Hase machte sich inzwischen ans Essen. Sein Wegkamerad hätte ihm gern mit dem Pavian-Land gedroht. Doch vor seinen eigenen Leuten konnte er die Lügengeschichte nicht bringen. Der Hase war ein geschätzter Gast, und die Affen hätten es nicht geduldet, ihm nichts zu essen zu geben.

So musste Onkel Pavian zuschauen, wie der Hase es sich schmecken ließ. Am liebsten hätte er sich geweigert, mit ihm aus demselben Topf zu essen. Doch als er sah, wie vergnügt der Hase an einem Hähnchenknochen nagte, packte ihn gewaltig der Hunger. Er ließ seinen Stolz fahren und streckte die Hand nach einem Hähnchenschenkel aus.

Da packte Vater Hase ihm die Hand und hielt sie fest. Onkel Pavian schaute ihn wütend an, doch der Hase zeigte stumm auf seine Medizinflasche.

Nun wollten alle Affen wissen, was los sei. »Ahem, ahem!«, hüstelte Vater Hase und fuhr fort: »Nun, das ist nicht ganz leicht zu erklären. Doch ich will es versuchen. Wir haben heute einen weiteren Weg genommen als üblich. Und ausgerechnet heute hat mein Freund vergessen, ein Picknick auf die Reise mitzunehmen. So bekam er unterwegs großen Hunger. Nun, wie ihr seht, trage ich immer einen Beutel mit Medizin auf mir. Ich leide an einer Krankheit, die mich zwingt, regelmäßig Medizin einzunehmen. Da die Medizin mit Honig gemischt ist, gab ich dem Pavian ein wenig davon – er war wirklich sehr hungrig, und ich dachte, es würde ihm gewiss nicht schaden. Leider vergaß ich, ihm zu sagen, dass man nach Einnahme der

Medizin nichts essen darf ... Ahem, ahem«, hüstelte er nochmals, »ich konnte meinen Freund doch nicht verhungern lassen!«

Dann aß er friedlich weiter.

»Aber wie ist das mit dir?«, fragte ein älterer Affe, dem es auffiel, wie der Hase es sich schmecken ließ, obwohl er ja selber Medizin genommen hatte.

Vater Hase hüstelte wieder: »Ahem, ahem ... Ich sagte ja, es sei nicht leicht zu erklären. Wenn man die Medizin schon so lange einnimmt wie ich, schadet das Essen nichts mehr. Als ich sie zum ersten Mal bekam, gab mir der Medizinmann nur ein kleines Maul voll. Trotzdem musste man mich während drei Tagen an Händen und Füßen fesseln. Sonst hätte ich mich selbst oder die Leute in meiner Umgebung gefährdet. Es ist nämlich so: Wenn man die Medizin zum ersten Mal eingenommen hat, dreht man einen halben Tag später durch und wird unter Umständen gewalttätig!«

Bis dahin hatte Onkel Pavian den Hasen ungläubig angestarrt. Jetzt sprang er auf und schrie: »Lügner! Lügner! Das ist alles erstunken und erlogen! Bringt ihn um!«

Er wollte seinem Gegenüber an die Gurgel

springen. Doch der Hase rettete sich mit einem Sprung zur Seite, und dröhnend schlug Onkel Pavian mit dem Kopf gegen die Wand, stürzte und blieb bewusstlos liegen.

»Seht ihr?«, sagte der Hase, »den ganzen Tag schon habe ich es kommen sehen. Statt einem winzigen Schluck hat Onkel Pavian nämlich fünf tiefe Schlucke von der Medizin genommen. Ich habe es zu spät gemerkt! Zum Glück ist er sehr robust. Niemand sonst hätte eine solche Dosis überlebt. Es tut mir wirklich Leid. Aber ich denke, er wird sich wieder erholen, wenn er die nächsten drei Tage weder isst noch trinkt.«

Vater Hase blickte ernst in die Affenrunde. Dann fuhr er fort: »An eurer Stelle würde ich ihm Hände und Füße binden. Wenn man ihn frei herumlaufen lässt, wird er riesigen Schaden anrichten! Nicht auszudenken! Die ganze Geschichte tut mir unendlich Leid«, setzte er hinzu. »Aber er ist mein Freund, und ich konnte ihn nicht einfach im Urwald verhungern lassen...«

Und er brach in ein herzzerreißendes Schluchzen aus.

»Hase, dich trifft überhaupt keine Schuld!«, wollte der Affenälteste eben tröstend sagen. In diesem

Augenblick erwachte Onkel Pavian aus seiner Ohnmacht und schrie:

»Der Hase lügt! Ich sage euch, der Hase lügt! Er ließ mich kein Wasser trinken, er ließ mich keine Beeren ...«

»Bindet ihn, Jungs!«, befahl der älteste Pavian den jungen Affen in der Runde.

Onkel Pavian, der noch immer versuchte, die Geschichte aus seiner Sicht zu erzählen, wurde in aller Eile gepackt. Man trug ihn hinaus, band ihm Hände und Füße zusammen und sperrte ihn in eine kleine Hütte.

»Gibt es denn keine Medizin gegen diese Verrücktheit?«, wollte ein Affenmädchen vom Hasen wissen.

»Nein«, sagte Vater Hase mit Nachdruck. »Wer diese Medizin zum ersten Mal eingenommen hat und dann etwas isst oder trinkt – und sei es auch ganz wenig –, ja, wer das tut, den kann man noch am selben Abend begraben.«

»Ich verstehe nur eines nicht«, sagte der Affenälteste nachdenklich, »warum hat er kein Picknick mitgenommen, wo er doch wusste, dass die Reise länger sein würde als sonst?«

Der Hase zuckte die Schultern. »Ich habe mir

diese Frage auch gestellt. Vielleicht solltest du ihn selbst danach fragen!«

»Das werde ich auch«, sagte der Affenälteste.

»Aber nicht vor drei Tagen!« Vater Hase hob warnend den Finger. »Warte drei volle Tage, sonst wird er kein zusammenhängendes Wort herausbringen. Sein Zustand könnte sich sogar noch verschlimmern!«

»Wir machen alles genau so, wie du sagst«, versprach der weise alte Affe.

Dann herrschte er die jungen Pavianmädchen an: »Habt ihr keine Augen im Kopf? Seht ihr nicht, dass das Essen unseres Gastes kalt geworden ist? Los, los, holt ihm etwas Warmes!«

»Lass nur, Großvater, mir schmeckt es so, wie es ist!«

»Alles was recht ist, Hase! Du hast ein heißes, frisch zubereitetes Essen verdient. Wir können dir nicht genug danken für die Hilfe, die du unserem törichten Verwandten hast angedeihen lassen! Wenigstens ein gutes Essen sollst du bei uns bekommen. Jede Wohltat ist eine andere wert!«

»Wahr gesprochen!«, meinte Vater Hase und machte sich mit gutem Appetit über den frischen *sadza* her.

Als er satt war, wurde Bier gebracht. Bis in die frühen Morgenstunden saßen alle beisammen und redeten, tranken und lachten. Und während der ganzen Nacht hörten sie Onkel Pavian draußen in der kleinen Hütte toben und heulen.

Kurz vor Sonnenaufgang trat Vater Hase den Heimweg an. Außer seiner Medizin hatte er ein großes Picknick bei sich: ein gebratenes Hähnchen, das ihm die schönen Pavianmädchen zubereitet hatten, und eine Kürbisflasche voll Maisbier, feierlich überreicht vom Affenältesten mit den Worten: »Mögest du dir auf dem langen Weg den Staub aus der Kehle waschen!«

Der Hase bedankte sich bei ihm und allen andern für die große Gastfreundschaft und verabschiedete sich mit den Worten: »Vergesst nicht! Drei volle Tage!«

Der Regenmacher

Kakore hieß der Sklave des mächtigen Stammesfürsten Tschiswo. Er war als kleiner Junge von Tschiswos Kriegern gefangen genommen worden, während die meisten seiner Angehörigen in der Schlacht ihr Leben verloren. Jetzt war er erwachsen. Er lebte auf der *guta*, dem Landgut seines Herrn, und hütete die vielen hundert Rinder und Ziegen, die alle seinem Herrn gehörten.

Ein Mann in Kakores Alter hatte gewöhnlich längst Frau und Kinder. Doch ihm als einem Sklaven gab niemand gern die Tochter zur Frau.

So war er sehr einsam. Oft dachte er an Flucht. Aber dann überlegte er, dass Tschiswos Krieger ihn schnell wieder einfangen würden. Er wusste auch gar nicht, wohin er fliehen sollte. Unterwegs würde er sicher verhungern, oder die wilden Tiere im Urwald würden ihn zerreißen. Er hatte keine Ahnung, wo seine eigenen Stammesangehörigen heute wohnten. Wie viele hatten wohl damals die Schlacht überlebt? Ja, Kakore konnte sich kaum mehr an Mutter und Vater erinnern.

Deshalb war er oft traurig.

Tschiswo behandelte ihn zwar nicht schlecht, doch er sah ihn selten. Die anderen Leute auf der *guta* ließen Kakore täglich spüren, dass er nur ein Sklave war. Sogar die Kinder zeigten ihm auf alle Arten, dass man mit ihm tun konnte, was man wollte.

Besonders streng verboten war es ihm, die jungen Mädchen anzuschauen, die auf dem Anwesen wohnten. Er musste ganz allein für sich sorgen, sich das Essen kochen, Wasser und Brennholz holen, die Kleider waschen – alles nur, weil er ein Sklave war.

So lebte Kakore abseits von den anderen. Er hatte eine Hütte in der Nähe der Viehgehege. Seine einzige Gesellschaft waren sein Hund, seine *mbira*, ein Daumenklavier und sein Speer, mit dem er Hasen und Kaninchen für seine einsamen Mahlzeiten jagte. Wenn er abends die Kühe und die Ziegen eingepfercht hatte, setzte er sich in die Hütte, zupfte die Lamellen seiner *mbira* und sang dazu alte Regenlieder, die er noch aus seiner Heimat kannte. Nur die Tiere hörten ihm zu. Während sie wiederkäuten, schauten sie ihn mit ihren großen, traurigen Augen an.

Es kam ein Jahr, in dem das Land von einer großen Dürre heimgesucht wurde. Zuerst versiegten die Quellen. Dann trockneten die Bäche aus, später die Flüsse. Schließlich waren auch die tiefen Teiche leer, in denen die Nilpferde und Krokodile lebten.

Im folgenden Jahr fiel wieder kein Regen. An den Bäumen wuchs kein Laub mehr. Die Felsen in den nahen Bergen barsten vor Hitze, und an den Abhängen brach Feuer aus. Das Jagdwild zog fort auf der Suche nach fruchtbaren Weiden. Die einzige Nahrung, die den Menschen noch blieb, war das magere Fleisch ihrer Rinder, die zu hunderten starben.

Nur hoch oben in den Granitbergen tropfte noch etwas Wasser in dünnen, rostigen Rinnsalen aus dem uralten Felsgestein. Geübte Krieger und junge Frauen brauchten einen ganzen Tag, um hinaufzusteigen und es zu holen. Und man fürchtete, auch dieses Wasser würde bald versiegen.

So wunderten sich die Leute, als sie erfuhren, dass Kakore, der Sklave, stets einen Ziegenledersack voll mit klarem, kühlem Bergwasser bei sich trug, wenn er abends mit der Herde von den Weiden heimkehrte. Man wusste es von einigen Jungen, die Kakore abends beim Eintreiben des Viehs halfen. Kakore hatte ihnen aus seinem Wassersack zu trinken gegeben. Sie hatten ihm zwar versprechen müssen, keinem Menschen etwas davon zu sagen. Doch was gilt ein Versprechen gegenüber einem Sklaven? Die Jungen hatten es ihren Eltern erzählt, und von dort war die Geschichte bis zum Stammesfürsten gedrungen.

Tschiswo, der Stammesfürst, war inzwischen ein alter, weiser Mann. Er befahl seinen Leuten, Kakore in Ruhe zu lassen. Wenn der Sklave sein Geheimnis für sich zu behalten wünsche, so solle man diesen Wunsch achten. Es gebe Schlimmeres als Hunger und Durst, erklärte Tschiswo: nämlich Unheil, das ganze Dorfschaften zerstörte, wenn kopflose Leute die Sitten anderer missachteten.

Doch so weise dachten nur Tschiswo und einige seiner kriegserfahrenen Männer. Die jüngeren, die noch nie in einer Schlacht gekämpft hatten, sahen nicht ein, dass einem Sklaven etwas heilig sein kann. Warum sollte ausgerechnet ein Fremder frisches Trinkwasser haben und sie nicht?

Und so steckten ein paar junge Männer die Köpfe zusammen. Auch Tschiswos Söhne waren dabei. Sie schmiedeten Pläne, wie sie Kakore zwingen könnten, ihnen seine Wasserquelle zu zei-

gen. Die jüngeren wollten ihn fesseln und ihn mit vorgehaltenem Speer dazu bringen, sein Geheimnis zu verraten. Doch die älteren meinten, der Sklave würde wohl lieber sterben, als sich zwingen zu lassen. Schließlich waren sie seine Feinde, und Kakore würde gewiss gerne sterben im Wissen, dass alle anderen im Dorf verdursten müssten. Sie schlugen vor, ihm heimlich zu folgen, wenn er die Tiere auf die Weide trieb.

»Aber wenn er einen Zauber hat, der ihm verrät, dass er beobachtet wird? Dann geht er vielleicht gar nicht an die Wasserstelle!«, sagten die jüngsten, ungeduldigsten Männer.

»In diesem Fall«, erwiderten die älteren, »werden wir ihn Tag und Nacht nicht aus den Augen lassen. Früher oder später treibt ihn der Durst. Dann ist unsere Stunde gekommen.«

Den Jungen ging das zwar alles nicht schnell genug. Doch sie waren es gewohnt, sich den Älteren zu fügen.

Bald zeigte sich, dass es ganz leicht war, zu erfahren, woher Kakore sein Wasser nahm. Es schien ihn überhaupt nicht zu stören, dass jemand seinem Regenzauber zuschaute.

Er wanderte mit seiner Herde hoch in die Berge

hinauf und spielte dabei auf seiner *mbira*, während der Hund die Tiere überwachte. Auf dem Berggipfel setzte er sich auf eine Felsplatte und ließ den Blick über das weidende Vieh und das Dorf wandern.

Die jungen Männer, die Kakore gefolgt waren, versteckten sich hinter einem großen Steinbrocken. Hier erlebten sie das größte Wunder ihres Lebens.

Hinter der Felsplatte, auf der Kakore saß, wuchs ein riesiger *musasa*-Baum. Er schien direkt aus dem Felsen herauszuwachsen und trug frisches, grünes Laub. Das hatten sie schon lange nicht mehr gesehen. Denn im ganzen Land waren jeder Grashalm, jeder Busch, jeder Strauch, jeder Baum verdorrt. Hier aber stand ein Baum in üppiger Blätterpracht! Sogar Regenvögel sangen und zwitscherten vergnügt in seinem Laub.

Die Männer erschraken. Hier war eine Macht im Spiel, die viel stärker war als sie selbst, ja stärker als der mächtigste von Tschiswos Kriegern. Kakore, der Sklave, saß an den Baum gelehnt, als gehörte er ihm. Ruhig schaute er über das Land, das sich unter ihm ausbreitete. Alles schien in seiner Hand.

Die jungen Krieger fühlten sich wie im Bann

einer übernatürlichen Gewalt. Sie rührten sich nicht, aus Furcht, ein Geräusch könnte sie verraten. Saß da ein Mensch, war es nicht vielmehr ein Ahnengeist?

Da klang das Saitenspiel der *mbira* an ihr Ohr. Kakore spielte eine so bezaubernde Melodie, dass es war, als öffne sich die Erde und lasse ihre Geister frei über die Landschaft schweben. Die jungen Männer zitterten. Was sie sahen, war nicht für ihre Augen bestimmt, ja vielleicht für kein lebendes Wesen auf Erden. Dann fing Kakore an zu singen. Es war kein gewöhnlicher Gesang, eher ein Rauschen, wie das Stöhnen eines Baumes, der mit allen Wurzeln aus der Erde gerissen wird. Dennoch hörten sie deutlich die folgenden Worte:

Kleine Wolke
ich rufe dich
flieg mit dem Wind!
Dreh dich
schwill an
und gib mir
ein wenig Tau!
Kleine Wolke
spende ein wenig
von deinem Tau!

Plötzlich schien der Himmel zu zerreißen, und eine blendend weiße Flammenzunge schoss aus dem Felsen. Es war, als berste der Berg mit einem ohrenbetäubenden Donnerschlag, der sich über dem fernen Land verlor. Dann grollte es, als verberge sich ein Löwe hinter dem nächsten Felsen. Und plötzlich prasselten den jungen Männern schwere Schläge auf den Kopf. Noch ehe sie merkten, dass es Regen war, fühlten sie sich bis auf die Haut durchnässt.

Nun hielten sie es nicht mehr länger aus. Hals über Kopf rannten sie nach Hause und saßen bereits hinter verschlossenen Türen in den Hütten ihrer Mütter, bevor sie merkten, dass der Regen aufgehört hatte und das Land so trocken war wie zuvor. Sie schämten sich, dass sie ihre Speere und Keulen, Pfeile und Bogen auf dem Berg liegen gelassen hatten. Doch um nichts auf der Welt wären sie nochmals hinaufgegangen, um sie zu holen.

Kakore saß indessen noch immer auf dem Berg. Als er sah, dass sich im Felsloch am Fuße des Baumes genug Regenwasser angesammelt hatte, füllte er seinen Ledersack und sang:

Alter König Sonnenlicht
Sonne Sonne hör auf mich
zeig dich alter König
brenne alles nieder
brenne alles trocken
zeig dich König Sonne
komm Sonne komm!

Und die Sonne erschien, brannte erbarmungslos und saugte das Wasser bis zum letzten Tröpfchen aus der verborgensten Felsspalte auf.

Drei Tage lang schwiegen die jungen Männer. Sie erzählten kein Wort über das Wunder, das sie gesehen hatten. Auch untereinander sprachen sie nicht von ihrem Erlebnis. Es schien, als habe sie eine seltsame Krankheit ergriffen. Weder antworteten sie, wenn man sie ansprach, noch aßen sie. Man verstand nicht, was ihnen fehlte. Auch der *n'anga*, der mächtige Heiler, den man um Rat fragte, konnte nicht sagen, was den jungen Männern fehlte. Er meinte nur: »Sie müssen den Tod gesehen haben.«

Inzwischen führte Kakore die Tiere jeden Tag in die Berge und brachte sie am Abend zurück. Und jeden Abend trug er in seinem Ziegenledersack kühles, klares Wasser mit nach Hause. Er spielte auf seiner *mbira* und schien sich nicht darum zu kümmern, was bei den Leuten in der *guta* vorging.

Eines Morgens bekam er hohen Besuch. In seiner Hütte erschien der große Stammesfürst Tschiswo in Begleitung seiner ältesten Berater. Nach einer kurzen Begrüßung sagte Tschiswo zu seinem Sklaven nur: »Hilf uns!«

Dabei blickte er auf seine Berater, als sollten sie bestätigen, dass er das Richtige gesagt hatte.

Alle nickten, und Kakore verstand, was sie meinten. Wortlos nahm er seinen Ziegenledersack vom Haken, trank ein wenig daraus und gab ihn seinem Herrn, der auch einen kleinen Schluck daraus trank. Nur zu gerne hätte Tschiswo einen langen, tiefen Zug genommen. Doch er reichte den Sack schweigend seinen Ratgebern weiter. Jeder trank ein wenig von dem kühlen, klaren Wasser. Als alle getrunken hatten, kehrte der Sack zu seinem Besitzer, dem Sklaven, zurück.

Und nun begann Kakore leise und mit großer Traurigkeit zu sprechen: »In meinem Land, bei meinen Leuten, ist es Brauch, jedem Besucher als erstes einen Trunk Wasser zu reichen. Noch bevor man sich begrüßt, ja, ehe man überhaupt ein Wort spricht! Der Gast hat vielleicht einen weiten Weg hinter sich, und was wäre ich für ein Mensch, wenn ich ihn in nutzloses Gerede verwickelte, wo er vielleicht am Verdursten ist?«

Tschiswo und seine Ältesten nickten. Darauf erhob sich Kakore, nahm ohne ein weiteres Wort seine *mbira*, begann zu spielen und führte seine Gäste auf den Berg.

Was bleibt weiter zu berichten? Im Augenblick, wo Tschiswo und seine Ältesten den Schutz des *musasa*-Baums verließen, waren sie auch schon nass bis auf die Haut.

In die *guta* zurückgekehrt, rief der Stammesfürst seine Berater, seine Heerführer, alle *n'angas*, Zauberer und heilkräftigen Männer wie auch die weisen Frauen aus dem ganzen Land zusammen. Er gab ihnen einen Entschluss bekannt. Seinen Worten hatte niemand etwas hinzuzufügen.

Innerhalb von zwei sehr nassen Wochen fanden die Vorbereitungen für die Einsetzung eines neuen Herrschers statt. Ruhig und anhaltend fiel der Regen. Er drang bis tief ins Herz der Erde ein, ohne dass an der Oberfläche die Krume zu einem harten Dreschboden verkrustete. Es gab weder

Blitz noch Donner. Der Regen rauschte sanft und beruhigte das Ohr. Die Vögel in den Bergen, die Grillen im Gras und die Frösche in den überfluteten Ebenen sangen ihre Regenlieder.

In der dritten Woche kam die Sonne wieder aus den Wolken hervor. Da überreichte Stammesfürst Tschiswo die Zeichen seiner Macht dem Regenmacher Kakore, seinem früheren Sklaven. Und da es Sitte war, dass kein Mann ohne Ehefrau das

Land regieren sollte, fragte Tschiswo eine seiner älteren Töchter, ob sie bereit sei, gemeinsam mit dem neuen Stammesführer für das Wohl der *guta* zu sorgen.

Das Fest zur Einsetzung des neuen Herrscherpaares dauerte einen ganzen Monat. Niemand, nicht einmal der Älteste der Ältesten, hatte je eine so lange Festzeit erlebt.

In all den Jahren, in denen Kakore regierte, soll es niemals Krieg gegeben haben. Noch erstaunlicher ist, dass er nie Befehle erteilte und trotzdem immer alles Notwendige geschah.

Als Kakore starb, wurde er unter dem regenspendenden *musasa*-Baum begraben. Auch heute noch steigen die Menschen in Trockenzeiten auf den Berg und bitten den Baum um Regen.

Der faule Junge und sein alter Hund Dembo

Es war einmal ein Junge, der war sehr faul. Er lebte bei seiner Mutter, die alles für ihn tat. Sie kochte ihm das Essen, kehrte seinen Schlafraum, und sogar die beiden alten Felle, die der Vater ihm hinterlassen hatte, und die er als Kleidung benutzte, pflegte sie und hielt sie mit Öl geschmeidig.

Der Vater hatte den Jungen sehr geliebt, weil er sein einziger Sohn war. Bevor er starb, vermachte er ihm seinen alten Hund Dembo.

Dembo war zu alt, um noch nützlich zu sein. Wenn sein junger Herr den lieben langen Tag an die Wand gelehnt vor der Hütte seiner Mutter saß, hockte der Hund daneben. Der Sohn bewegte sich nicht vom Fleck und räkelte sich nur ab und zu, um es sich noch bequemer zu machen. So ging es Tag für Tag, jahraus, jahrein. Sommer wie Winter saß er an die Hauswand gelehnt da und ließ sich von der Sonne bescheinen. Und der treue Dembo leistete ihm Gesellschaft. Sass der Junge still, so schlief der alte Hund, regte sich sein Herr, so hob

Dembo den Kopf. Manchmal erhoben sich beide und rückten ein wenig in den Schatten.

Da der alte Hund dem Vater gehört hatte, erstaunt es nicht, dass die Mutter behauptete, Dembo habe das Denken für ihren Sohn übernommen. Der Junge sah darin nichts Verkehrtes. Schließlich wusste Dembo alles über das Leben seines Vaters, und er selbst wusste nichts.

Die Zeit verging. Dem Jungen wuchs am Kinn bereits ein stolzes, wuscheliges Bärtchen. Andere junge Männer seines Alters hatten schon Frauen und lebten in ihren eigenen Hütten. Nur der Meister von Dembo wohnte noch bei seiner Mutter, die auch nicht mehr die Jüngste war. Im Gegenteil, ihr fielen die Hausarbeiten schwer: Wasser vom Brunnen holen, Brennholz suchen, Feuer machen …

Wohl oder übel musste der Junge diese Dinge mit der Zeit übernehmen – nicht etwa, weil er es richtig fand oder weil ihm die Arbeit Spaß machte, sondern weil er hungrig war und seine Mutter oft das Bett hüten musste.

Wann immer der Junge solchen Pflichten nachging, merkte man ihm an, dass ihm die Arbeit zuwider war. Auch Dembo spürte es und versuchte, seinem Herrn mit den Augen klar zu machen, es sei Zeit, eine Frau zu suchen. Aber der Junge verstand die Augensprache des Hundes nicht.

Da wurde dem alten Dembo klar, dass nichts geschehen würde, solange er nicht seine vier Beine ins Spiel brachte. Und bald stolperte der junge Mann jedes Mal, wenn er etwas tun wollte, über seinen Hund. Aber noch immer begriff er nicht, was das gute Tier ihm sagen wollte und er hätte es wohl nie herausgefunden, wenn seine Mutter es ihm nicht erklärt hätte.

»Dembo, dein Hund, will dir damit sagen, dass du jemanden suchen sollst, der dir hilft«, sagte sie.

»Mir hilft?«, fragte der Junge. »Wo finde ich jemanden, der mir hilft? Ich kenne schließlich niemanden als dich!«

»Er meint, du sollst dir eine Frau suchen«, antwortete die Mutter geduldig.

Plötzlich ging dem jungen Mann ein Licht auf. Wie schön und einleuchtend war doch dieser Gedanke! Warum hatte er nicht längst daran gedacht? Natürlich, es musste eine Frau her!

Doch dann fiel ihm eine Schwierigkeit ein. Frauen waren Leute, die er immer nur aus der

Ferne sah, von seinem Platz an der Hüttenwand aus.

»Wie komme ich zu einer Frau, Mutter?«

»Du gehst ins Dorf, suchst ein Mädchen, das dir gefällt, und sagst ihm, dass du es gerne heiraten möchtest.«

»Das scheint ganz einfach!«

»Aber die meisten Mädchen mögen keine faulen, schmutzigen und unnützen Eidechsen, die nur an den Wänden hocken!«

»Vielleicht gehe ich besser in ein anderes Dorf, wo die Mädchen mich nicht kennen?«

Die alte Frau hob die Hand. In ihren Augen blitzte es. War es endlich so weit? Hatte ihr Sohn zu denken begonnen? Fing er am Ende an, sein Leben anzupacken? »Geh in mein Dorf«, sagte sie aufmunternd, »und nenne dort meinen Namen. Dann hast du keine Schwierigkeiten. Alle Mädchen werden sich darum reißen, den Sohn von Kere zu heiraten.«

»Wer ist der Sohn von Kere?«, fragte der Junge, der gar nicht begriff, wovon seine Mutter sprach.

»Du natürlich!«, sagte sie.

Da wurde er ganz traurig. Seine Mutter hatte nicht mehr lange zu leben, und er hörte ihren Namen zum ersten Mal! Offenbar war sie in ihrem

Dorf sehr geschätzt. Wenn sie nun sterben würde, bevor er herausfand, wer sie wirklich gewesen war? Ja, dachte er, ich will ins Dorf meiner Mutter gehen und die erste beste Frau heiraten, die ich finde. Dann bringe ich sie nach Hause und sie wird alle Arbeit besorgen, während ich mich zu meiner Mutter setze und mir alles erzählen lasse, was sie weiß.

Doch es gab noch eine Schwierigkeit: ordentliche Kleider! Der Junge wusste, dass ihm die Mutter da nicht weiterhelfen konnte. Und von den anderen jungen Männern im Dorf mochte er sich auch nichts ausleihen. Er kannte sie kaum. Was er brauchte, war ein neues Fell, das er sich um die Hüften binden konnte.

Er war noch nie auf der Jagd gewesen. Und er hatte auch keinen Bekannten, der für ihn einen Wasserbock erlegen und ihm das Fell verkaufen würde.

Während er nachdachte, rieb Dembo den Kopf an seinem Bein. Der Junge betrachtete nachdenklich seinen Hund und ein Hoffnungsschimmer leuchtete in ihm auf. Ebenso schnell erlosch er wieder. Dem alten Dembo fehlten die Zähne. Er konnte nur noch im Traum auf die Jagd gehen.

Plötzlich durchzuckte ihn ein Gedanke. Dembo schien es zu merken, denn auch er zuckte zusammen. Morgen, sagte sich der Junge und fühlte sich tatkräftig wie noch nie, morgen bringe ich eine Frau nach Hause! Sein Einfall war aber, den alten Dembo zu töten und ihm das Fell abzuziehen ...

In aller Frühe machte sich der Junge am nächsten Morgen auf den Weg ins Dorf seiner Mutter. Er war guter Dinge. Die Angaben seiner Mutter waren eindeutig: Eine gute halbe Tagereise würde er brauchen bis in jenes Dorf. Er hatte sich gut vorbereitet, sich gründlich mit Bimsstein abgeschrubbt und den Saft wilder Äpfel ins Haar gerieben, damit es sich in dicken, männlichen Locken ringelte. Gesicht, Körper und Gliedmaßen glänzten vom Erdnussbutter-Öl, mit dem er sich eingerieben hatte. Um die Hüften trug er ein grauschwarz geflecktes Fell. Es war ganz neu und doch weich und geschmeidig und kratzte nicht wie das alte.

So stolzierte er vergnügt einher und pfiff ein Liedchen, von dem er nicht wusste, woher es stammte. An seinen Vater konnte er sich nicht mehr erinnern. Also konnte die Erinnerung nur aus seinen stillen Stunden mit dem alten Dembo stammen. Guter alter Dembo, dachte er.

In diesem Augenblick hörte er hinter sich eine Stimme. Sie sang:

Gib mir mein Fell zurück,
mein Sommer- und Winterfell!
Hättest du doch eine Ziege getötet,
anstatt mir das Fell zu stehlen –
mein grau-schwarz geflecktes Fell!

Überrascht schaute der junge Mann zurück. Da sah er den alten Dembo hinter sich hertrotten. Schnell nahm er einen großen Stein, erschlug damit den Hund und warf ihn in eine tiefe Schlucht. Dann setzte er seinen Weg fort. Er hatte zwar ein schlechtes Gewissen, aber es ging nicht anders. Er brauchte dringend eine Frau.

Der Junge ging schneller. Auf der anderen Seite des Flusses sah er bereits das Dorf seiner Mutter.

Gerade als der Junge den Fluss überqueren wollte, hörte er wieder die singende Stimme:

Gib mir mein Fell zurück,
mein Sommer- und Winterfell!
Hättest du doch eine Ziege getötet,

anstatt mir das Fell zu stehlen –
mein grau-schwarz geflecktes Fell!

Der Junge war jetzt sehr zornig auf den Hund. Er packte ihn und band ihm einen riesigen Stein um den Hals. Die Krokodile im Fluss würden kurzen Prozess mit ihm machen … Immerhin vergoss er noch ein paar Tränen für seinen treuen alten Dembo.

Bald darauf kam er ins Dorf seiner Mutter. Spielende Kinder erklärten ihm, alle Erwachsenen seien beim Stammesfürsten.
»Und was tun sie beim Fürsten?«
»Hast du noch nie von seiner Tochter gehört?«
»Nein, warum? Ist sie gestorben?«
»Nein, du Dummkopf!«, riefen die Kinder und lachten. »Stumm ist sie! Seit sie geboren ist, redet sie kein Wort! Deshalb veranstaltet der Stammesfürst jedes Jahr einen Wettbewerb, an dem alle jungen Männer teilnehmen können. Wer sie zum Sprechen bringt, bekommt sie zur Frau.«
Der Junge dankte den Kindern und ging weiter zum Hof des Stammesfürsten.

Schon von weitem hörte man das Lachen und Rufen der Menge. So war es nicht schwierig, den Weg zu finden. Der Hof war von einer hohen Steinmauer umgeben. Als der Junge durch den Haupteingang trat, sah er Hunderte von Menschen versammelt. Alle saßen in einem Kreis, in dessen Mitte der Fürst mit seinen Beratern auf wunderschön geschnitzten Holzstühlen thronte. Sie trugen glänzende Löwen- und Leopardenfelle, und der Stammesfürst selbst trug außerdem noch einen ausladenden Kopfschmuck aus Straußenfedern.

Alle schauten auf den freien Platz in der Mitte, wo ein schön gekleideter junger Mann erstaunliche Körperverrenkungen vorführte. Direkt vor ihm saß eine in schöne Zebra- und Leopardenfelle gekleidete junge Frau. Sie trug viele Armbänder und Halsketten aus Bronze und Kupfer und auch die Fußgelenke waren mit Reifen geschmückt. Auf der glänzenden Stirn strahlte eine mondweiße Muschel. Ihr Haar trug sie in vielen Zöpfchen, die auf dem Kopf zusammengebunden waren. Der Junge fand sofort, dass dieses Mädchen von allen die schönste sei. Gewiss war sie des Stammesfürsten Tochter!

Er drängte sich zwischen die Leute, ließ sich nieder und schaute dem Wettbewerb zu.

Die Zuschauer hielten den Atem an, klatschten in die Hände und bejubelten die Kunststücke des jungen Mannes. Doch die Tochter des Stammesfürsten blieb stumm. Es war, als lachte sie unsichtbar in ihrem Inneren. Doch sie hätte eine Statue sein können, so wenig zeigte sie ihre Gefühle.

Unser Held schaute noch vier anderen jungen Männern zu, die sich verrenkten und verdrehten, Purzelbäume schlugen, auf den Händen gingen, Kopf standen, sich auf Kopf und Händen fortbewegten, umherrollten und vor der stummen Zuschauerin Gesichter schnitten. Selbst der Stammesfürst und seine Berater lachten schallend über die Possen. Doch die junge Frau blieb unbewegt, als schaute sie nur einer in den Milchtopf gefallenen Kakerlake zu. Der Junge war von ihrer kalten und abweisenden Art ganz fasziniert. Die Fürstentochter schien den Lärm und die Menschenmenge gar nicht zu bemerken.

Während die letzten Kunststücke vorgeführt wurden, hörte er plötzlich wieder das Singen. Er schaute um sich. Gab es eine Möglichkeit, irgendwo unbemerkt zu verschwinden? Hatte sonst noch jemand das Singen gehört? Zu spät! Alle hörten das Singen. Alle blickten zum Eingang. Auch der Fürst und seine Berater schauten in die gleiche Richtung. Dann wandte sogar die Tochter des Fürsten ganz langsam den Kopf, als ob sie befürchte, der Hals könnte ihr abbrechen.

Der Junge senkte den Kopf, zog die Schultern ein und wünschte sich, im Boden zu versinken. Da saß er ganz schön in der Patsche! Das Singen kam näher und wurde immer lauter. Schweigen breitete sich aus. Alle schauten gebannt auf den Eingang. Was tun? dachte der Junge verzweifelt. Aufstehen und weglaufen? Vor den Stammesfürsten treten, in die Knie fallen und um Vergebung bitten? Er wusste weder ein noch aus.

Und schon erschien der alte Dembo im Mauereingang. Wackelig stand er da auf seinen rosa Beinen. Der ganze Körper war ohne Fell, und die Zunge hing ihm aus dem Maul. Prüfend schnüffelte er die Luft im Hof. Dann hob er den Kopf zum Himmel und jaulte:

Gib mir mein Fell zurück,
mein Sommer- und Winterfell!
Hättest du doch eine Ziege getötet,
anstatt mir das Fell zu stehlen –
mein grau-schwarz geflecktes Fell!

Bei den Worten »mein grau-schwarz geflecktes Fell« spürte der Junge, wie alle Blicke sich auf ihn richteten. Jetzt war es zu spät, sich zu verstecken!

Es blieb ihm nichts anderes übrig, als sich zu stellen. Er stand auf. In diesem Moment stürzte sich der alte Dembo auf ihn.

Ein Aufruhr entstand. Die Menschen drängten sich nach der anderen Seite des Hofes. Der Stammesfürst und seine Berater erhoben sich und riefen: »Nehmt ihn fest! Fasst den Eindringling!«

Dembo hatte einen Zipfel vom Lendenfell erwischt und zerrte daran. Der Junge bemühte sich verzweifelt, das Fell anzubehalten. Staub wirbelte auf, als sich die beiden vor dem Stammesfürsten auf dem Boden wälzten. Die Fürstentochter floh in die Arme ihrer Mutter.

Als die Leute merkten, dass der Hund es auf den Jungen abgesehen hatte, begannen sie ihn anzufeuern und klatschten begeistert Beifall. Alle bogen sich vor Lachen. Die Frauen trillerten in den höchsten Tönen. Selbst der Stammesfürst und seine Berater hielten sich vor Lachen die Bäuche.

Der alte Dembo ließ das Fell nicht los. Der Junge wehrte sich, als ginge es um sein Leben. Er keuchte und schwitzte und seine Augen sahen aus, als wollten sie ihm nächstens aus dem Kopf springen.

»Los, Hund! Nimm dein Fell! Zieh es dem Dieb vom Leibe!«, brüllte die Menge.

Eine Staubwolke bildete sich über dem Kampfplatz und Dembos Knurren vermischte sich mit dem Keuchen des Jungen. Als Dembo ihm schließlich das Fell wegzog, hätte der ohrenbetäubende Beifall leicht einen Toten geweckt.

Plötzlich wurde es ganz still. Die Männer hielten den Atem an, die Frauen verhüllten sich die Augen.

In der Mitte des weiten Rundes stand der Junge da, nackt wie am Tag, an dem er geboren worden war.

Der Stammesfürst war der erste, der die Sprache wieder fand. »Tötet diesen Sohn einer Hexe!«, rief er.

»Tötet ihn!«, tönte es von allen Seiten. »Man soll ihn töten!«

Auf einmal erklang eine Stimme dazwischen: »Nein, nicht töten! Bitte nicht!«

Diese Stimme hatte im ganzen Dorf noch keiner gehört. Sie klang, als hätte sie die Kraft, Tote ins Leben zurückzurufen. Alle schauten in die Richtung, aus der die Stimme gekommen war. Da

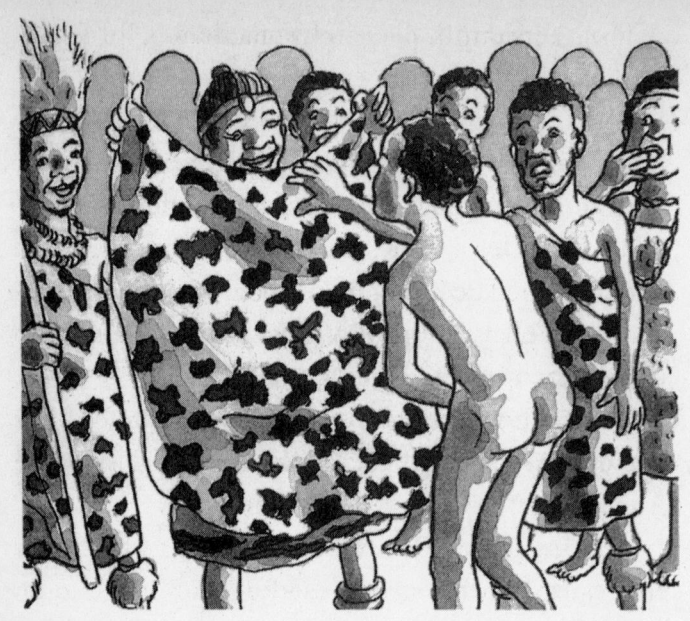

sahen sie, wie die Tochter des Stammesfürsten sich ein Fell von der Schulter löste.

Gespannt hielten alle den Atem an, während das Mädchen zu dem Jungen hinging und seine Blöße mit ihrem Leopardenfell bedeckte. Sie fasste ihn um die Hüften und begann zu lachen. Ihr Lachen schien von weit her zu kommen, wie der Klang eines silbernen Ringleins, das in der Tiefe der Nacht auf einen Felsen fällt. Dann kam es näher, wie ein helles Glockenspiel, wie ein plätschernder Bergbach auf den Felsen.

Die Versammlung war sprachlos. Als erste brachte die Frau des Stammesfürsten die Worte hervor: »Sie lacht! Meine Tochter lacht!«

Der Stammesfürst gab einen Laut von sich, als hätte er den Schluckauf. Dann begann auch er aus vollem Hals zu lachen. Er lachte, wie er seit der Geburt seiner taubstummen Tochter nie mehr gelacht hatte.

Als alle begriffen hatten, was geschehen war, füllte sich der Hof mit Jubelgeschrei, Kreischen, Pfeifen und Trillern. Der Junge stand da und grinste verlegen, während die Prinzessin vor ihm kniete, ihn festhielt und ihr Lachen lachte. Die Frau des Stammesfürsten wollte zu ihrer Tochter stürzen und sie umarmen, doch die Tanten hielten sie zurück. Es gehört sich für eine Mutter nicht, einem fremden jungen Mann allzu nahe zu kommen.

Als der Fürst sich vom Lachen erholt hatte, hob er die Hand und gebot Ruhe. Alle verstummten. Nur seine Tochter lachte noch immer. Der alte Dembo, der sich inzwischen sein Fell wieder übergezogen hatte, leckte das Gesicht der jungen Frau.

In die Stille sagte der Stammesfürst leise: »Miedzo!«

Das war der Name seiner Tochter.

Die junge Frau wandte den Kopf und antwortete ebenso leise: »Vater!«

Beim Klang ihrer Stimme jubelte die Menge aufs Neue. Als sich der Lärm wieder gelegt hatte, räusperte sich der Stammesfürst und sagte: »Bitte, entschuldigt mein Gelächter! In meinem ganzen Leben bin ich noch nie so glücklich gewesen. Doch nun will ich diesen Fremden begrüßen, der uns heute die Ehre gegeben hat. Tritt vor, junger Mann, fürchte dich nicht!«

Der Junge trat vor den Stammesfürsten. Miedzo lief unterdessen in die Arme ihrer Mutter. Man konnte sie immer noch leise lachen hören, und sie flüsterte der Mutter allerlei Unsinn ins Ohr. Ihr Vater wagte nicht, sie um Ruhe zu bitten, solange er mit dem jungen Mann sprach.

»Wie heißt du, junger Mann?«, fragte er.

»Sohn von Kere.«

»Du bist Keres Sohn?«

Da erzählte der Junge, woher er kam, wie er mit seiner alten Mutter lebte und was ihn hierher geführt hatte. Als er mit seiner Geschichte fertig war, strahlte der Stammesfürst übers ganze Gesicht und sagte: »Eine Frau hast du auf alle Fälle gefunden!«

»Ich bin sehr arm ...«, wollte der Junge einwenden.

Der Stammesfürst winkte ab und sagte: »Geh nach Hause und hole deine Mutter! Dann werden wir alle zusammen die Hochzeit vorbereiten.«

So wurde der faule Junge Schwiegersohn des Stammesfürsten. Ja, zur allgemeinen Überraschung wurde er mit der Zeit sogar einer seiner fähigsten Berater. Mit seiner Frau Miedzo wohnte er auf dem Fürstenhof. Mutter Kere verbrachte ihre letzten Lebensjahre beim Sohn und der Schwiegertochter und war sehr glücklich. Weniger glücklich waren nur die jungen Männer, denen es nicht gelungen war, die Fürstentochter zum Sprechen zu bringen. Doch sie heirateten andere schöne Frauen, die ihnen ebenso treu waren, wie die Tochter des Stammesfürsten ihrem Mann.

Und der alte Dembo? Ihn sah man am Tag der Hochzeit zum letzten Mal. Er saß vor der Braut und dem Bräutigam und füllte sich den Bauch mit den dicken Fleischbrocken, die ihm Miedzo ohne Unterlass auf den Teller schob. Zwischendurch richtete er sich auf und leckte der Braut voll Dankbarkeit das Gesicht. Wer ihm zuschaute, fand, er benehme sich wie eine glückliche Schwiegermutter.

Nach der Hochzeit verschwand der alte Hund still und unauffällig, wie das bei Hunden und Katzen üblich ist, wenn sie spüren, dass ihre Zeit gekommen ist und sie niemandem zur Last fallen wollen.

Doch das Lied des alten Dembo ist seit dieser Hochzeit ein solcher Hit, dass man es bei uns bis zum heutigen Tage noch singt:

Gib mir mein Fell zurück,
mein Sommer- und Winterfell!
Hättest du doch eine Ziege getötet,
anstatt mir das Fell zu stehlen –
mein grau-schwarz geflecktes Fell!

Die Frau vom Berg

Vor langer Zeit erwachten die Leute von Gasva eines Morgens und entdeckten auf dem Gasva-Berg über ihrem Dorf ein wunderschönes Haus.

Das Haus war tags zuvor noch nicht da gewesen. Wie ein merkwürdiger Pilz war es über Nacht aus dem Boden gewachsen.

Vom Dorf aus sah man, dass seine Wände dieselbe Farbe hatten wie die Granitfelsen des Berges. Das Dach glitzerte in der Sonne so hell, dass man gar nicht richtig hinschauen konnte. Der Dorfvorsteher und die Ältesten waren ratlos. Noch nie hatten sie so etwas gesehen. Stand das Ende der Welt bevor? Oder war es ein Zeichen der Ahnen, die in den Höhlen des Berges begraben lagen?

Man zog die mächtigsten Medizinmänner der Gegend zu Rate. Doch auch sie standen vor einem Rätsel. So beschlossen die Dorfältesten, abzuwarten und zu sehen, was weiter geschah. »Wenn dieses Wunder uns etwas Bestimmtes ankündigen will«, meinten sie, »dann wird uns die Botschaft schon noch deutlicher gegeben werden.«

In der Zwischenzeit verboten sie den Dorfbewohnern, in die Nähe des Hauses zu gehen.

Es ging nicht lange, so brachte ein unerschrockener Jäger die Nachricht ins Dorf, das Haus gehöre einer Frau. Er habe sie neben dem Haus in einem Maisfeld arbeiten sehen. Es war ihm aber nicht gelungen, mit ihr zu sprechen.

Eine Frau auf dem Berg? Wer hatte ihr das Haus gebaut? Wer war sie? Woher kam sie? Was hatte sie für Kräfte, dass sie einfach auf dem Berg wohnen konnte, wo die Ahnen und Dorfgründer ruhten? Sicher war sie eine Hexe ... wenn sie nicht eine der längst verstorbenen Großen Mütter des Stammes war. Doch was wollte sie hier?

Umsonst suchten die Dorfleute nach Erklärungen und fragten sich, ob sie mit ihren Vermutungen Recht oder Unrecht hatten.

Eines Tages kam eine alte Frau mit neuen Nachrichten ins Dorf. Sie hatte am Berghang Brennholz und Früchte gesammelt, und da sie fast blind war und niemanden bei sich hatte, der ihr half, war sie in die Nähe des Hauses gekommen, ohne es zu merken. Zu ihrer Verwunderung hörte sie, dass jemand sie grüßte. Sie erkannte die Stimme einer Frau, doch woher die Stimme kam, konnte sie nicht sehen. Dann nahm jemand sie bei der Hand und führte sie in ein Haus. Speisen wurden ihr angeboten, und die Stimme der Frau erzählte ihr eine seltsame Geschichte.

Die Geschichte ging so: Die Frau auf dem Berg war eine Königin aus einem fernen Land. Sie war viele Jahre lang die erste Frau des dortigen Königs gewesen. Doch sie bekam keine Kinder. Also nahm der König andere Frauen, die ihm viele Kinder schenkten. Nach langer Zeit gebar die erste Königin doch noch einen Sohn. Er war wunderschön. Wer von weitem seine lichte Gestalt sah, dachte, er sei ein Mädchen.

Doch die Schönheit des Kindes war Schuld daran, dass der König seine erste Frau und den Sohn eines Tages verstieß. Die Nebenfrauen waren nämlich neidisch. Sie versuchten, die Königin mit Zaubersprüchen zu verhexen. Sie sagten, der König liebe den Sohn seiner ersten Frau mehr als ihre Kinder. Als der Prinz dann ins heiratsfähige Alter kam, stritten sich im ganzen Land Mütter und Töchter um ihn. Es gab Streit bis aufs Blut. Schließlich gelang es den scharfzüngigen Nebenfrauen, dem König weiszumachen, die Königin sei eine Hexe. Er wies Mutter und Sohn aus dem Land. Sie irrten durch viele Länder, bis sie schließlich auf den Berg Gasva kamen und beschlossen, sich hier niederzulassen.

Den Dorfältesten kam die Geschichte der alten Frau sonderbar vor. Sie sagten sich, dass die Alte wohl nicht mehr ganz richtig im Kopf sei und ihnen ein Märchen erzählte.

Doch der Gedanke, dass in dem rätselhaften Haus auf dem Berg eine Frau lebte, ließ die Dorfbewohner nicht mehr los. Holzsammler, Jäger und Beerensucher wussten immer wieder Neues über die Frau vom Berg zu berichten. Die meisten erzählten, sie sei sehr freundlich. Sie habe auch wirklich einen Sohn. Aber niemand hatte ihn gesehen. Sein Name sei Sangare. Ob seiner Schönheit würde jede Frau, die ihn sehe, sogleich erblinden. Deshalb halte die »Königin vom Berg« ihn in einem dunklen Raum eingeschlossen. Sonst drohe die Gefahr, dass die jungen Mädchen im Dorf anfingen, sich um ihn zu streiten. Dann würden die Dorfältesten wohl sie und ihren Sohn töten oder vertreiben.

Doch wie das Haus auf den Berg gekommen war, das konnte niemand erklären.

Nun hatte einige Jahre zuvor im Dorf Gasva eine schreckliche Krankheit gewütet. Alle heiratsfähigen Burschen waren daran gestorben. Die jungen Mädchen im Dorf hatten keine Aussicht, einen Mann zu bekommen. Sie träumten Tag und Nacht von gut aussehenden jungen Männern, die von irgendwoher kommen würden, um sie zu heiraten.

Als deshalb eines Tages die Nachricht kam, die Frau vom Berg suche eine Braut für ihren Sohn, entstand große Aufregung im Dorf. Jede Mutter sah sich bereits als stolze Schwiegermutter, jede Tochter als die beneidete Frau des unsichtbaren Prinzen.

Die mutigsten Mädchen fingen an, heimlich auf den Berg zu steigen. Unter dem Vorwand, Brennholz oder Früchte zu sammeln, schlichen sie ums Haus herum. Jede hoffte, der geheimnisvolle Prinz würde auf sie aufmerksam werden und Gefallen an ihr finden. Doch er blieb unsichtbar.

Nur die Königin vom Berg, wie sie im Dorf nun hieß, war hie und da bei ihrer täglichen Arbeit zu sehen. Die Mädchen getrauten sich nicht, sie anzusprechen. Sie guckten höchstens hinter einem Felsen oder Gebüsch hervor, um einen Blick von ihr aufzufangen. Vielleicht ließ sich über sie eine Verbindung zum Sohn herstellen. Doch die Frau verschwand jedes Mal, als hätte sie niemanden gesehen.

Unten im Dorf neckten und ärgerten die Mädchen einander, schlossen Wetten ab, rieben sich jede Nacht heimlich mit Liebestränken ein. Sie fragten ihre Mütter und Tanten um Rat, suchten weise Medizinfrauen auf, beteten zu den Ahnengeistern und zählten die Blätter des *muzeze*-Baumes: »Er liebt mich, liebt mich nicht, liebt mich, nicht ...«

Das Getuschel im Dorf nahm kein Ende. Die Mädchen klatschten übereinander, versuchten herauszufinden, was die eine über die andere sagte, bildeten Grüppchen, zerstritten sich, fanden neue Freundinnen, schlossen sich anderen Gruppen an. Die schönsten und eitelsten wählten gern eine Hässliche zur Freundin, damit die eigene Schönheit umso besser leuchte. Die Mädchen, die nicht so schön waren, betonten dafür ihren Fleiß. Jede wollte als die ideale Braut erscheinen.

So gab es viel Streit. Obwohl die Mädchen in jener Zeit ständig zusammensteckten, viel lachten und alle Arbeiten miteinander machten, dachte jetzt jede nur an sich. Allen war klar, dass der Prinz sich nur ein einziges Mädchen zur Frau aussuchen würde. Wer würde die Glückliche sein? Einige der

Mädchen wären zufrieden gewesen, auch nur die zweite oder dritte Nebenfrau zu werden. Und je mehr sie daran dachten und sich quälten, umso schöner erschien ihnen der unsichtbare Prinz.

Eines Tages kam die Nachricht, dass die Königin vom Berg Besuch empfange. Der Prinz, hieß es, sei nicht in der Lage, selber ins Dorf zu kommen, und seine Mutter könne ihn nicht alleine lassen. Doch seien ihr die Mädchen in kleinen Gruppen willkommen. Jede dürfe allerdings das Haus nur ein einziges Mal besuchen.

Kurz darauf sah man Grüppchen junger Frauen den Berg hinauf wandern. Der Weg war steil. Oben angekommen, waren sie erschöpft und auch hungrig und durstig. Sie setzten sich in den Hof vor das Haus und warteten. Die Königin bat sie herein und ließ sie auf den Matten am Boden Platz nehmen. Dann ging sie in die Küche, um ihren Gästen ein Essen zuzubereiten. Sie kochte Maisbrei, *sadza* genannt. Gierig verschlangen die jungen Frauen den Brei und auch das gute Maisbier, das die Königin ihnen anbot, tranken sie bis zum letzten Tropfen. Teller und Bierkrüge brauchten hinterher nicht gespült zu werden, denn es schmeckte ihnen so, dass kein Krümelchen und kein Tröpfchen übrig blieben. Nachdem die Frau vom Berg Teller und Töpfe weggeräumt hatte, ging sie hinauf zu ihrem Sohn. Vor seiner Tür blieb sie stehen und rief mit singender Stimme:

Sangare, Sangarewo,
komm zu uns herunter!

Der junge Mann antwortete: »Was rufst du mich, Mutter?«
»Besuch ist da!«
»Wer ist es, Mutter?«
»Hübsche Mädchen aus dem Dorf!«
»Was hast du ihnen gegeben?«
»*Sadza*, lieber Sohn!«
»Und haben sie gegessen?«
»Gegessen und getrunken, mein Sohn!«
»Sie haben auch getrunken?«
»Ja, Maisbier getrunken, mein Sohn!«
»Gegessen und getrunken!«
»Ja, bis auf den letzten Rest!«
Darauf hörte man ihn singen:

Mutter geh wieder hinunter
und schicke sie alle fort!
Schicke sie fort, doch verrat nicht, warum!

Denn Sangare nimmt nur die eine,
die weder isst noch trinkt!
Sangares Frau wird die eine,
die vom sadza und Maisbier nichts nimmt!

Nachdem sie die Worte ihres Sohnes vernommen hatte, ging die Frau wieder die Treppe hinunter und sagte zu den Mädchen, sie sollten gehen. Sangare wolle keine von ihnen. Doch sie verriet ihnen nicht, warum. Enttäuscht kehrten die Mädchen ins Dorf zurück. Jede fragte sich, warum Sangare sie nicht heiraten wollte.

So ging es nun jeden Tag. Ein Mädchen ums andere stieg auf den Berg und kam mit hängendem Kopf nach Hause. Immer neue Mädchen waren zu Gast bei der Frau vom Berg, doch jedes Mal antwortete Sangare seiner Mutter mit dem selben Lied:

Mutter geh wieder hinunter
und schicke sie alle fort!
Schicke sie fort, doch verrat nicht, warum!
Denn Sangare nimmt nur die eine,
die weder isst noch trinkt!
Sangares Frau wird die eine,
die vom sadza und Maisbier nichts nimmt!

Und jeden Tag wanderten viele Mädchen enttäuscht ins Dorf zurück und fragten sich, was an ihnen wohl verkehrt sei.

Nun lebte im Dorf abseits für sich eine junge Frau namens Mapezi. Sie wohnte in einer baufälligen Hütte am Rande des Dorfes. Ihre Verwandten hatten sie dorthin verstoßen, als sie noch ganz klein war. Die Dorfkinder spielten nie mit ihr. Wollte Mapezi mit den Mädchen zum Schwimmen an den Fluss gehen, oder sammelte sie in ihrer Nähe Brennholz, so jagten sie sie fort. Manche spuckten sogar in ihre Richtung. Allerdings trafen sie sie nie, denn sie fürchteten Mapezis Nähe. Mapezi war nämlich aussätzig. Sie war von einer schlimmen Krankheit gezeichnet, der Lepra.

Als nun die Mädchen anfingen, gruppenweise den Berg hinaufzupilgern, um sich den unsichtbaren Prinzen zu angeln, folgte ihnen Mapezi von fern. Doch die Mädchen scheuchten sie weg und sagten, sie erschrecke nur den Prinzen.

Als nahezu alle Mädchen im heiratsfähigen Alter auf dem Berg gewesen waren, beschloss Mapezi, es doch noch zu versuchen. Sie schloss sich der letzten Gruppe an. Es waren junge Frauen, die selber unsicher waren und lange gezögert hatten, auf den Berg zu gehen. Und obwohl sie unterwegs mit Mapezi ihren Spott trieben, jagten sie sie nicht weg.

»Wer weiß«, kicherten sie, »wenn ihm unsere Dorfschönen nicht gefallen, dann hat vielleicht Mapezi Erfolg!«

Oben setzte sich die Gruppe vors Haus in den Hof. Bald kam die Frau und bat die Mädchen herein. Sie bemerkte dabei nicht, dass noch eine kleine Gestalt abseits neben der Aschengrube saß. Und Mapezi wagte nicht näherzutreten.

»Wäre ich doch nicht gekommen!«, dachte sie. Wie hatte sie je glauben können, sie wäre dem Prinzen auch nur einen Blick wert! Vor Scham wäre sie am liebsten in den Boden versunken.

Wie üblich bewirtete die Frau vom Berg die Mädchen mit *sadza* und Maisbier. Nachdem alle gegessen und getrunken hatten, räumte sie die leeren Teller und Töpfe weg und ging zu ihrem Sohn hinauf. Vor seiner Tür blieb sie stehen wie immer und sang die Worte:

Sangare, Sangarewo,
komm zu uns herunter!

Und die Stimme des Sohnes antwortete: »Was rufst du mich, Mutter?«

»Besuch ist da!«
»Wer ist es, Mutter?«
»Hübsche Mädchen aus dem Dorf!«
»Was hast du ihnen gegeben?«
»*Sadza*, lieber Sohn!«
»Und haben sie gegessen?«
»Gegessen und getrunken, mein Sohn!«
»Sie haben auch getrunken?«
»Ja, Maisbier getrunken, mein Sohn!«
»Gegessen und getrunken!«
»Ja, bis auf den letzten Rest!«

Und wieder sang die Stimme des unsichtbaren Prinzen durch die verschlossene Türe:

Mutter geh wieder hinunter
und schicke sie alle fort!
Schicke sie fort, doch verrat nicht, warum!
Denn Sangare nimmt nur die eine,
die weder isst noch trinkt!
Sangares Frau wird die eine,
die vom sadza und Maisbier nichts nimmt!

Wie alle anderen vor ihnen kamen auch diese letzten Besucherinnen mit hängenden Köpfen aus dem Haus. Als sie Mapezi bei der Aschengrube sitzen sahen, spotteten sie im Vorbeigehen: »Was wartest du noch? Warum gehst du nicht ins Haus? Der Prinz erwartet dich! Er sagt, er will keine andere! Geh schon, geh zu ihm ins Haus!«

Mapezi war es gewohnt, ausgelacht zu werden. Sie hörte gar nicht zu und ließ die Mädchen ziehen. Sie bedeckte das Gesicht mit den Händen und blieb sitzen.

Nachdem die Mädchen verschwunden waren, erhob sie sich und wollte ihnen folgen. Doch in diesem Augenblick rief eine Stimme: »Ist da noch jemand?«

Mapezis Herz stand still vor Schreck.

»Wäre ich doch nie hier heraufgekommen!«, dachte sie verzweifelt.

Als die Frau aber noch einmal rief, antwortete Mapezi, um nicht unhöflich zu erscheinen: »Nur ich bin's, Mutter!«

»Brauchst du etwas?«

»Nein, nein, mir fehlt nichts, Mutter! Ich bin auf dem Berg gewesen und dachte nur, ich will mich hier ein wenig ausruhen.«

»Dann wirst du sicher hungrig und durstig sein?«

»Nein, nein! Tausend Dank, Mutter, aber ich brauche gewiss nichts! Ich bin überhaupt nicht hungrig, höchstens ein bisschen müde.«

»Dann komm doch und mach es dir bequem!«

»Lieber nicht, Mutter! Ich muss nach Hause, bevor es dunkel wird.«

»Es ist ja noch heller Tag! Bis die Vögel ihre Nester für die Nacht aufsuchen, bist du längst daheim! Komm mit mir!«

Zögernd näherte sich Mapezi dem Haus. Als die Frau sah, dass sich das Mädchen vor der Haustür in den Staub setzen wollte, sagte sie: »Doch nicht hier in den Schmutz! Komm herein ins Haus.«

»Ach, lieber nicht, Mutter«, erwiderte Mapezi schüchtern, »ich bleibe lieber draußen.«

»Aber du kannst doch nicht hier draußen essen!«, sagte die Frau vom Berg.

»Hab Dank, Mutter, aber ich brauche wirklich nichts!«

»Dann spüle dir wenigstens die staubige Kehle mit einem Schluck Maisbier!«

»Ach Mutter, du machst mich ganz verlegen! Ich will mich gern ein Weilchen hier draußen ausruhen. Aber ich brauche ganz gewiss nichts zu essen und zu trinken!«

Als die Frau begriff, dass sich Mapezi weder überreden ließ einzutreten, noch gar, etwas zu essen oder zu trinken, ging sie mit einem Stoßseufzer hinauf zu ihrem Sohn. Sie stellte sich vor die Tür und begann zu singen:

Sangare, Sangarewo,
komm, komm herunter!

Und von drinnen antwortete es wieder:
»Was rufst du mich, Mutter?«
»Besuch ist da!«
»Wer ist es, Mutter?«
»Eine schöne Frau aus dem Dorf!«
»Was hast du ihr gegeben?«
»*Sadza*, lieber Sohn!«
»Hat sie davon gegessen?«
»Weder Speise noch Trank, mein Sohn!«
»Also auch nicht getrunken?«
»Keinen Tropfen Maisbier, mein Sohn!«

Lange blieb es still. Dann begann die unsichtbare Stimme sanfter und schöner zu singen als je zuvor:

Sag ihr, Mutter, sag ihr,
dass ich sie erwarte,

ja, lange schon warte auf sie.
Sag ihr, Mutter, dass ich komme!
Sag ihr, ich komme bestimmt!
Denn Sangare nimmt nur die eine,
die weder isst noch trinkt –
und nun ist sie da, die eine
die vom sadza und Maisbier nichts nimmt!

Als die Mutter zu Mapezi zurückkehrte, um ihr anzukünden, dass ihr Sohn sie sehen wollte, wäre das Mädchen am liebsten weggerannt. Doch die Frau hielt sie fest und redete ihr freundlich zu. »Hab keine Angst«, sagte sie sanft, »er hat dich erwartet!«

»Das kann nicht sein! Es ist sicher ein Irrtum! Er hat mich gewiss nicht erwartet! Es ist alles ganz verkehrt!«, schrie Mapezi, als habe sie den Verstand verloren.

In ihrer Aufregung merkte sie gar nicht, dass ein junger Mann hinzugetreten war. »Nein«, sagte er, »es ist überhaupt kein Irrtum und nichts ist verkehrt! Es ist genau so, wie es sein muss!«

Mapezi drehte sich um und da sah sie es: Der unsichtbare Prinz war ganz weiß. Er hielt sich die Hände vors Gesicht, als fürchte er, im Licht der Sonne zu erblinden. Seine Gestalt war gebeugt. Er schien vorzeitig gealtert. An Händen und Füßen fehlten ihm mehrere Finger und Zehen.

Jetzt wusste Mapezi, dass sie jemanden gefunden hatte, der genau so war wie sie. Allen Kummer, den sie bis zu diesem Augenblick allein mit sich herumgetragen hatte, konnte sie diesem jungen Mann, der da vor ihr stand, sagen.

Sie schauten einander ins Gesicht. In ihren Augen spiegelte sich das strahlende Lächeln des andern. Es war, als hätten sie sich schon lange gekannt und nur darauf gewartet, einander wieder zu finden. Und während sie so dastanden und einander zulächelten, verheilten ihre Narben und verschwanden die Zeichen der Lepra, die ihre Körper entstellt hatten.

Als es sich im Dorf herumgesprochen hatte, dass Mapezi den Prinzen heiraten würde, konnten die jungen Mädchen es nicht fassen. Am Hochzeitsfest erkannten sie die Braut nicht. Sie wollten nicht wahrhaben, dass es Mapezi war.

Sie hatten im Übrigen nur Augen für die Schönheit des Bräutigams. Tief im Herzen wäre jede gern an der Stelle der Braut gestanden.

Mapezi aber wusste, was die Mädchen nicht wussten: Hätte die Königin es ihnen damals er-

laubt, ihren Sohn zu sehen, so hätte sich keine von ihnen ein zweites Mal nach ihm umgedreht. Keine von ihnen hätte ihn genommen. Doch wer würde das heute glauben?

Nach der Hochzeit verschwand das geheimnisvolle Haus auf dem Berg mitsamt seinen Bewohnern – spurlos, wie es gekommen war. Vom unsichtbaren Prinzen und der Frau vom Berg hörte man nie wieder. Doch seltsamerweise fingen die Leute im Dorf an, Mapezi zu vermissen …

Nachwort

In der Titelgeschichte bringt Tsuro, der Hase, den mächtigen Urwaldtieren das Fürchten bei. Der Hase ist eine der wichtigsten Figuren im afrikanischen Märchen. Er ist ein sehr menschlicher Held, der am schmalen Überlebensrand zwischen Gut und Böse sein Wesen treibt. Fleißig und friedfertig, solange man ihn leben lässt, wird er aus Not ein Genie im Erfinden von Geschichten. Doch die Geschichten holen ihn ein. So, wie er andere an der Nase herumführt, wird er immer wieder auf die eigene Nase fallen. Womit seine Erzählkunst aus Überlebensnot weitergeht: Klein und unverwüstlich, rappelt er sich auf zu neuen Streichen und Geschichten.

Charles Mungoshi, der Autor dieses Buches, bringt den Witz und die so überaus menschlichen Züge der afrikanischen Märchenerzähltradition zu neuem Leben. Er ist mit dieser Tradition von Kindheit an vertraut. 1947 in einem Dorf im heutigen Simbabwe geboren, verbrachte er seine ersten Lebensjahre auf einem kleinen, abgelegenen Gehöft. Die Kolonialregierung hatte damals, abseits der großen Farmen weißer Besitzer, für die afrikanische Bevölkerung karge Landparzellen ausgewiesen und Mungoshis Vater war einer der Ersten, der ein solches Landstück erwarb und bebaute.

Charles war das älteste Kind. Er muss ein stiller, in sich gekehrter Junge gewesen sein. Seinen Vater beschreibt er als »workaholic« – arbeitsbesessen und wortkarg. »Jede Minute seines Lebens war er mit irgendetwas beschäftigt: herumtragen, graben, pflügen, Nüsse oder Mais verkaufen. Und ständig die Befehle ›Gib mir das! Hol jenes!‹. Spurte man nicht gleich, flog einem der nächstbeste Gegenstand an den Kopf.«

Schon als Vierjähriger musste Charles ganz alleine das Vieh hüten. So verbrachte er viele einsame Stunden im Busch und belebte die Zeit mit Phantasieren. Er zeichnete Wagen und Fahrräder in den Sand, motorisierte Vehikel, die die Herdentiere zusammentreiben könnten. Manchmal besuchte ihn eine Kusine aus dem Dorf und erzählte ihm Geschichten. Später, als er lesen konnte, hatte er immer ein Buch oder ein Comic-Heft in der Tasche.

1959 kam er in eine Internatsschule, wo es ihm nicht gefiel. In der Nähe aber wohnte seine Großmutter mütterlicherseits. Von ihr erzählt er: »Sie war eine stärkere Persönlichkeit als meine Eltern. Mit über siebzig Jahren sorgte sie für die drei Söhne der verstorbenen Schwester meiner Mutter. Sie hatte eine Viehherde und machte alles selber: töten, verkaufen. Sie war eine wunderbare Geschichtenerzählerin; ihr Mann war ein vorzüglicher *mbira*-Spieler gewesen. Von ihr, und von meiner Mutter, die ihre Lieder noch immer singt, habe ich gelernt, was Musik ist.«

In seinem Roman »Waiting for the rain«, der ihn als Schriftsteller berühmt machte, hat Mungoshi dieser Großmutter später ein Denkmal gesetzt. Aber auch im vorliegenden Buch finden wir von ihr ein Abbild: Jene kluge Frau, die in großer Not den faulen Zauber ihres Mannes durchschaut (»Der Geist in der Asche«, Seite 55), trägt ihren Kosenamen »Madiro«. Der Name bedeutet: »Ich tue, was ich will.«

Charles Mungoshi zählt heute zu den bedeutendsten Schriftstellern Simbabwes. Er schreibt abwechselnd in Shona, seiner afrikanischen Sprache, und in Englisch. Wie für den kleinen Hirtenjungen die mündlich überlieferte Erzähltradition, das Bücher- und Heftchenlesen und die eigene Fantasie zusammengingen, so sind für den Autor Charles Mungoshi die afrikanische Tradition und die literarische Moderne kein Widerspruch, sondern sie ergänzen sich. »Was ich zu sagen habe, ist universal«, meint er. »Feuer ist nicht englisch oder afrikanisch, menschliche Erfahrung ist menschliche Erfahrung.«

Anna Katharina Ulrich

Dick King-Smith

»Die meisten meiner Geschichten handeln von Tieren, entweder von Haustieren oder den Tieren auf dem Bauernhof. Ein Leben lang hatte ich mit ihnen zu tun. Ich gehöre nicht zu den Autoren, die Tiere wie Menschen anziehen: Gestreifte Anzüge für die Elefanten und Miniröcke für die Mäuse. Meine Tiere bleiben Tiere, mit einer Ausnahme: Sie können sprechen.«

Band 80007   Band 80103   Band 85022
158 Seiten. Geb.

Band 80245   Band 80246   Band 85007
208 Seiten. Geb.

Fischer Schatzinsel

Verlag Nagel & Kimche

Gudrun Pausewang
**Die Seejungfrau in
der Sardinenbüchse**
Bilder von Markus Grolik
96 Seiten, ab 8
ISBN 3-312-00789-5

«Da klopft was», sagt Jenny, als die Mutter gerade die Einkäufe auspackt. Es klopft nicht etwa an der Wohnungstür, sondern in der Küche, genauer in der Sardinenbüchse. «Unsinn», meint die Mutter. Doch als sie die Büchse öffnet, sitzt da eine winzige, quicklebendige Seejungfrau, die die Schmitthubers ganz schön auf Trab bringt.